译文经典

时代的精神状况
Man in the Modern Age

Karl Jaspers

〔德〕卡尔·雅斯贝斯 著

王德峰 译

上海译文出版社

目 录

英译本重印前言

　　本书写于 1930 年。当时我虽相当了解法西斯主义，但对国家社会主义几乎一无所知。当我还在为书稿的完成而喜悦时，十分震惊地听说国家社会党人在 1930 年的选举中赢得了最初的胜利。书稿被搁置一旁有一年之久，因为我不想让它在我的三卷本《哲学》之前问世。《哲学》在 1931 年发表。该书发表后几星期，本书也出版了。

　　为了阐明那个时代，我利用了仅属于那些特别岁月的事实材料，因而本书在许多方面都感染了当时的气氛。尽管自它问世以来已发生了种种事情，但是若考虑一下今天的哲学状况和世界情景，那么我认为，它在现在和当时一样有效。

　　试图作哪怕最微小的改动，如今在我看来也是一种篡改。此次德文第五版的英译本的重印——与此同时，德文第五版也在德国重新发行——比之 1931 年的初版，仅在文字风格上有一些修改，而所用材料则一如初版。

卡尔·雅斯贝斯

导　言

一百多年以来，人类状况的问题愈益紧迫起来。每一代人都曾经从自己的角度尽力解决这个问题。但是，以往，仅仅是少数人焦虑地思考我们的精神世界所面临的危险，而现在，大战以后，这种危险的严重性已是人人都清楚了。

可是，这一课题不仅无法被探索穷尽，而且对它难以下确定的定义，因为恰恰就是对它所作的关注改变了它。过去的状况可以视为终止了的状况，它们已幕落剧终，已度过自己的时辰而不复存在。现在的状况却具有激发人的特性：对它的思考有助于确定从它当中将要演变出什么。

尽人皆知，我们生活在其中的世界状况并非一种终极状况。

曾有一些时代，其中的人认为，他的世界是处在逝去了的黄金时代与随上帝目的之实现而将到来的世界末日之间的一个持久不变的中间阶段。人使自己去适应他所遇到的生活而并不想改变它。他的活动限于努力改善自己在周围环境中的地位，而环境则被认为在实质上不可改变。在这些环境里，他有安全的港湾，这港湾就和他一样，是与天、地连在一起的。这世界即是他自己的世界，哪怕这是一个并不重要的世界——因为，对他来说，仅仅在一个超验的王国中才有真实的存在。

同这些时代的人相比，今天的人失去了家园，因为他们已经知道，他们生存在一个只不过是由历史决定的、变化着的状况之中。存在的基础仿佛已被打碎。对于古时的人来说，生活与认识的统一似乎完全是不证自明的。对此，我们已不再感到奇怪，因为我们了解到，我们过去的同类是在现实宛如被蒙上面纱的条件下生活的。至于我们自己，则已能按事物的实际情况来看事物，而这就是生活的基础在我们脚下动摇的原因。既然思想与存在的一致（这种一致，以前从未受到挑战）对于我们已不复存在，那么，我们就在一边看到生活，在另一边看到我们自己以及我们的同伴对生活的意识。我们不像我们的前人那样单单只想到这个世界。我们思索这个世界应该怎样理解，我们怀疑每一种解释的正确性。在每一个生活与对生活的意识表面一致的地方，背后都隐藏着真实的世界与我们所知的世界之间的区别。所以，我们生活在一种运动、流动和过程之中。变化着的认识造成了生活的变化；反之，变化着的生活也造成了认识者意识的变化。

这一运动、流动和过程把我们投入了无休止的征服与创造、丧失与获得的漩涡之中。我们在其中痛苦地旋转，大半是屈服于潮流的力量，只能偶尔在有限的范围内尽自己的努力。因为，我们不仅仅是生活在一个一般地属于人类的状况之中，而是当这一状况在特定的历史环境中呈现出来时，经历着它。它来自以前的状况，并向其后的状况演进。

于是，我们关于这一我们自身在其中是一个因素的运动的意识，就有一种奇怪的双重性质。由于我们现在所知的世界不是最终确定的，我们的希望就不再寄托于超越存在，而是转向了人间。人间可以由我们自己的努力来改变，所以，我们对尘世完善的可能性抱有信念。但是，另一方面，个人即使在有利的情况下其干预力量也是有限的，而且还不能不承认他的活动的结果绝非取决于他所致力的目标，而是取决于总的环境条件。因此，他不得不痛心地认识到，他的影响之所及，比起他所抽象地意识到的广阔可能性，是多么的狭小。最后，这个世界的进程（无人对之满意）在许多方面都令他失望。所有这一切，都使一种无能为力的感觉蔓延开来。人倾向于认为自己是被种种事件拖着前行的。这些事件，在他比较乐观时，曾是他希望加以引导的。一种宗教信仰认为，人在超越存在的面前等于无。抱有这种信仰的人，不为变化的事件所扰。变化是上帝意志的产物，并不被认为会同其他能够设想到的可能性有什么冲突。然而，今天，那种想要认识一切的骄傲，以及把自己看做世界的主人从而想要按照自己的意愿塑造世界的妄自尊大，叩响了所有的大门。但与此同时，这类骄傲与自高自大所遭到的挫折又引起了一种可怕的虚弱感。人该怎样适应这种情况而不受其影响？ 这是当代状况的最重要的问题之一。

人不仅生存着，而且知道自己生存着。他以充分的意识研究他的世界，并改变它以符合自己的目的。他已经学会如何干预"自然的因果关系"，只要这种关系仅仅是不变的相似物的无意识重复。他不仅仅是尚存着的能知者，而且自己自由地决定什么将存在。人是精神，人之作为人的状况乃是一种精神状况。

任何想要阐明当代状况的人都必须从考察下述问题开始：当代状况迄今为止是被如何看待的？ 它是怎样产生的？ 一种状况一般地说来是怎样的？ 它表现出哪些方面？ 对于人的本性的问题，今天的答案是什么？ 人类正走向怎样的未来？ 这些问题回答得愈是清楚，我们将愈是确定无疑地经由知识而进入无知的不安之中，将愈是迅速地到达这样的边缘：在这个边缘上，人认识到自己是个体。

时代意识的起源

人对于自己生活于其中的时代的批判，与人的自我意识一同发生。我们自己对于现时代的批判，根源于基督教关于历史进程走向拯救计划的实现的观念。我们（大多数人）已放弃了这一观念。但是我们对于自己时代的态度，要不是从这一观念中形成起来，就是出于同它的对立。救世主基督在一定的时候出现。这标志着历史的终结。因此，我们人类只需等待着，准备迎接末日审判。这个暂时的尘世，其末日近在眼前，因此变得毫无价值。同这种观念相对立，形成了诸如关于各种事件循环再现的思想，关于人类文明起源的思想，以及关于一个世界帝国的意义的思想。但是，同这些思想相比，基督教的理想，由于它在由它所孕育而成的历史中所具有的普遍的、独一无二的、不可取消的作用，对个人有着不可比拟的支配力。虽然基督徒们把他们在其中生活的时代当做整个世界，但是他们关于那个时代具有确定无疑的性质的意识却被大大加强了。

这种历史观是超自然的。历史事件，就其已经发生的而言，是人类堕落、摩西启示、犹太人作为上帝的选民的使命，以及先知预言的实现等等的不可测知的结果；或者，就其尚待到来的而言，则仅仅与向世界末日的趋近有关。这个世界在其内在性质上已成为根本上非历史的，因为它被认为是无足轻重的。但是，当这种超自然的观点转变成或被取代为另一种关于世界是一种运动、一种内在进步的观点时（虽然关于人类历史的惟一性的观念依然留存），在人们的头脑中就唤醒了这样的意识，即他们自己的时代由于某种原因而不同于在它之前的所有时代。他们终于为这样的信念所鼓舞：或许自发地、不可觉察地，或许通过他们自己的努力，某种与以前不同的事物将从他们的时代中产生出来。

从16世纪起，就有一根不间断的链条，伴随着世代的接续而一环接一环地将时代意识代代相传。这一连续的过程起始于对人的生活有意识的世俗化。一批在欧洲范围内具有影响的志同道合的人物，复兴了古典学问，在艺术、科学和技术的领域内制定了新的纲领，取得了新的成就。这些革新者们的精神状态，用乌尔里希·冯·胡滕的话来说就是："头脑正在觉醒，活着是一桩乐事。"这是一个发现的时代。世界的所有海洋与陆地开始为人所知。新的天文学诞生了。伟大的技术时代露出了曙光。国家的管理正在民族化。关于进步的观念开始形成，在18世纪达到顶点。在此之前，当人们瞩目未来时，他们的目光所投之处乃是世界的终结与最后的审判日。而现在，他们却期待着文明臻于尽善尽美。卢梭决心要惊破这种自满自得的美梦。1749年，有一项奖金颁给论述艺术与科学对于改善公众道德的作用的最佳论文。卢梭应征撰文，声言科学已经损害了道德。这样，他便开创了从此一直盯着进步鼓吹者们不放的批判。

时代意识进入了一个新的阶段。这种意识最初是少数几个人的精神生活。这些人知道自己是时代的真正代表。他们的时代意识首先着力于建立秩序良好的政治生活，其后就指向了人的实存本身。此时，如下的思想已经有了基础：以往，生活是依其所是的样子而被接受的；现在，人的理性能够有目的地塑造生活，直到使生活成为它所应是的状态。法国革命在人类历史上是没有先例的。它被看做是一个新时代的开端。在这个新时代里，为理性原则所指引的人将决定自己的命运。所以，它一开始就赢得了欧洲思想的领袖人物们的热情称赞。

早先任何一次革命都未曾有过改造人类社会的明确意图。例如，笛卡儿就没有反对他的国家的法律与习俗，而仅仅敢于想到人的内心的革命。他断言，打算用彻底摧毁一个国家然后在全新的基础上予以重建的方法来改造国家是荒谬的。甚至 17 世纪的英国革命①也只是根源于宗教和民族尊严的观念。新教的确是通过返回原始教义来改革基督教的，但是毫无世俗化的企图。相反地，宗教改革家们所提出的指控恰是谴责教会已变成尘世的机构。通过其领袖的人格而为上帝服务的克伦威尔铁甲军的战士们，正是怀着对新教信仰的热情而投入到为提高英国人（上帝的选民）地位而作的英勇斗争中去的。法国革命则是第一次以按照理性的原则重建生活的决心为动力的革命。一切由理性发现为人类社会之莠草

① 德国作家们用“英国革命”一词指不列颠历史学家所称的“大反叛”，而不是指 1688 年的立宪革命。——英译者

的东西都要被无情地铲除，付之一炬。哪怕历史悠久的传统也失去了维系旧事物的力量！法国革命者的惟一先驱是来自英格兰的清教流亡者。这些流亡者试图在大西洋彼岸建设他们在自己的祖国未能建成之事。在世俗化过程向前推进的日子里，这些意志坚定的斗士们甚至宣布了人权学说。

法国革命令人惊讶的结果，是它经历了一个向自身对立面的转变。让人类获得自由的决心演变为破坏自由的恐怖。反动派于是积聚了力量。对这场革命的敌视、防止它再次发生的坚定意图，成了一切欧洲国家的指导原则。但尽管如此，革命毕竟发生过了。人们开始对一种生存方式的基础不安起来。他们从此认为自己对这种基础负有责任，因为它可以被有目的地加以改变，可以重新塑造得更接近于人心的愿望。康德在1798年所作的预言直到今天仍是正确的："历史中的这样一个现象永远不会被人遗忘，因为它揭示了在人性中有更美好的事物的萌芽以及达到这种事物的能力。而在此之前，没有一个政治学学者曾经从先前历史事件的过程中推论出这一点。"

事实上，自从法国革命以来，关于当代的时代意义的一种特别新的意识已经盛行。但是，到了19世纪，这种意识分化为两支：一支是对辉煌未来正在到来的信念；另一支是对一种不可能从中得到解救的深渊的恐惧。不过，当人们开始将自己的时代看做是某种过渡时代时，一部分人的希望黯淡了，另一部分人的恐惧也缓解了。自此，这种过渡的观点一直足以使精神虚弱的人得到平静与满足。

在我们正在考察的这个时期的开端，黑格尔的哲学以特别灵活而富于表现力的辩证方法表达了空前丰富的历史内容，从而形成了关于时代的一种历史意识，而这种意识又造成了这样的信念：当代具有某种独一无二的意义。辩证法自身揭示了人类意识的转变。意识的每一次搏动都是由自我意识发动的。每一项认识都改变了认识者。改变了的认识者必须在他的世界中寻找关于他自身的新认识。人类意识之流就是这样不平静地向前流动，因为存在与对存在的意识是分离的，而且它们必须不断地以一种改变了的形式重新开始它们的分离：从一种形式的分离到另一种形式的分离。人的历史过程，过去和现在都是如此。黑格尔对这一过程做了充分而又深刻的表述，其充分与深刻的程度从未被超越过。人的自我意识的不平静，在黑格尔的思想中变得清晰起来，尽管它又形而上学地隐匿在那包括了一切暂存的具体事物的精神整体中，因为，在那个精神整体中，人的历史认识的暂时骚动变成了永恒的宁静。

现存的存在与意识之间的辩证法（它不可能在一种纯粹理智的水平上被恰当地理解，而只能在我们的心灵作出其重大抉择的时刻被充分地把握。这心灵，由于它具有作为个体自我的权利，给精神以达到崇高的能力）由于下述做法而被降格了。这种做法是把存在固定地联系于一种被人为地简单化了的人类历史过程，联系于被设想为完全由生产的物质条件所决定的历史。无疑，我指的是马克思主义。在这种学说中，辩证法降低为单纯的方法，其中既无人的实存的历史内容，也无形而上学的内容。的确，它因此而使得系统地阐述某些问题成为可能，而对这些问题的研究，为富于成果地探索某些特定的历史与社会问题提供了推动力。但是，与此同时，它也使得冒称为科学的套语流行起来。通过这些套语的形式，原先所形成的深刻的历史的时代意识，变成了自由流通的低劣货币。最后，甚至辩证法也被抛弃了。经济唯物主义的简化理论起而对抗马克思主义，也出现了人类存在的自然化，结果是变为陷入盲目的相互斗争的物种。在这类理论变种中，真正的历史的时代意识已经消失。

在黑格尔的辩证法中，世界通史的概念是当代借以意识自身的方式。但是，也存在另一种可能的做法，即忽视具体历史的久远财富，而把注意力只集中于当代。费希特在其《当代的基本特征》中就已形成了这种考察方式。虽然他的方法是抽象地构造一部从开端到终结的世界通史（这是将基督教的历史哲学世俗化），但他始终将注意力放在基督教哲学的核心内容上，按照这种哲学，当代被看做这样的时代：在其中，罪恶已走到了尽头。克尔恺郭尔是全面批判自己时代的第一人。他的批判因其诚挚的性质而区别于先前的一切尝试。他的批判是第一个可以适用于我们正生活于其中的时代的批判，即使在今天读来也仿佛是昨天才写的。在相隔几十年之后从事著述的尼采，并不知道他的前辈克尔恺郭尔的著作。尼采注意到了欧洲虚无主义的到来，无情地诊断它的病症。这两位哲学家在他们的同代人看来，无非是两个怪人，两个没有人会认真对待的危言耸听的预言家。但他们其实是发现了业已存在而尚未引起普遍不安的事物的先行者。只是到了我们今天，他们才作为论述了当代现状的思想家而受到了赞扬。

整个19世纪中的时代意识，比较克尔恺郭尔和尼采所具有的意识而言，是模糊的。但它在许多人那里正在觉醒。一般大众满足于文化和进步，而具有独立头脑的人却怀着不安的预感。例如，歌德写道："人类将变得更加聪明、更加机灵，但是并不变得更好、更幸福和更强壮有力。我预见会有这样一天，上帝不再喜爱他的造物，他将不得不再一次毁掉这个世界，让一切从头开始。"1830年，因七月革命而感到惊恐的尼布尔发出了如下的哀叹："除非上帝给予奇迹般的帮助，否则我们就面临灭顶之灾，这同将近公元3世纪中叶时降临到罗马帝国头上的灾祸十分相似。当时，繁荣、自由、文化以及科学都一起完结了。"塔列朗指出，只有那些生活在1789年之前的人才有可能尝到过生活的全部乐趣，可是我们这些一百多年以后的人却把19世纪初叶当做美好岁月的延续。每一新的一代都是如此。他们面对毁灭的前景战栗不已，同时却把某一较早的时期看做黄金时代。但属于那个时期的人也受到同样阴郁的预言的困扰。1835年，托克维尔看到民主政治的到来不可避免，因此，他在研究民主的本性时，并不关注如何避免民主政治的思想，而是关注如何将它的祸害减至最低的思想。他和其他许多人一样，把民主政治视为蛮族的入侵。布尔克哈特则以恐怖的心情注视着民主政治的袭来。比这更早一点的，是司汤达在1829年写下的话。他以冷静的客观态度看待此事：

> "在我看来，在一个世纪之内，自由将扼杀艺术的感觉。那种感觉是非道德的，因为它把我们引入歧途，引入爱情的狂热，引入懒散和夸张。如果让一个有艺术气质的人去负责开凿运河的工程，那么他将不是以一个工程师所特有的冷静理智去工作，而会这样或那样地把事情弄糟。"

他还写道：

> "两院制将遍行世界，给美术以致命的打击。统治者们不会去建造可爱的教堂，而将把他们的主要兴趣放在在美洲的投资上，因为这样他们就可以在发生政变时到那里去安享生活。一旦两院实行统治，我预言，首先，他们绝不会在连续五十年的

时间里花上两千万的巨款来修建像圣彼得大教堂这样的宏伟建筑；其次，在他们的统治下，客厅里将挤满这样一些富翁：他们无疑是很可尊敬的，但是却未曾受过有可能开发出他们的美术鉴赏力的教育。"

他建议，凡是想要在这个世界里生活下去的艺术家，应该放弃艺术而去从事甘蔗的种植或陶器的制作，这样他们就将"更有可能成为百万富翁和议会的议员"。在兰克1840年的日记中，我们读到：

"在以往的时代，伟大的信念是支配的原则，是作出伟大努力的基础。现在，人们满足于发表宣言。一切都毫无结果，一切都半途而废。只有那些表达了某一政党的观点并因此而获得有效支持的人，才会做成一些事情。"

作为政治家的加富尔，也同作为研究者的托克维尔一样，认为民主政治的到来不可避免。我们从帕莱奥洛格的《加富尔》一书中摘引这位意大利政治家写于1835年的一封信的片段：

"我们不能再欺骗自己。社会正朝着民主大步前进……贵族正在衰落……在当代社会的结构中不再有贵族等级的位置。我们有什么办法来抵御民众的洪水？一切都不稳定、无效果、不持久。这是值得庆贺或要诅咒的事情？我说不上来。不管怎样，依我的想法，这总是人类无法躲避的未来。那么，就让我们为它做好准备吧，或者，至少让我们的孩子们为即将到来的事物做好准备……现代社会体现了一种朝向民主的命定的演化，任何阻碍事变进程的尝试，只会招引风暴而无助于我们将航船驶入安全的港湾。"

因此，在上一世纪当中，那些从千差万别的观点出发思考人类未来的人，都受到一种危机意识的激发。人感到自己的未来受到了威胁。正像基督徒相信这个世界是失去的世界，因此紧紧抓住他的拯救学说以超越这个世界一样，许多认为自己的时代是被判决了的时代的人，则在一种关于本质的沉思的确信中寻求避难。黑格尔就相信这个时代是衰败的时代，因此认为现实自身（不独是哲学）要求某种补偿。他指出，哲学，作为人所作的补偿，无非是一种局部的或外在的普遍化：

"在这一点上，哲学是一个孤独的圣所，其中的牧师们组成了孤立的僧侣集团。它必须远离世界，它的作用是保卫对真理的占有……直接地属于实践的事情不是哲学所关心的。"

席勒写道：

> "在肉体的意义上，我们应该是我们自己时代的公民（在这种事情上我们其实没有选择）。但是在精神的意义上，哲学家和有想象力的作家的特权与责任，恰是摆脱特定民族及特定时代的束缚，成为真正意义上的一切时代的同代人。"

另有一些人则试图将人们引回到基督教。格伦维希就是一个例子：

> "我们这一代人正站在十字路口，也许是有史以来最重要的十字路口。旧事物已经消亡，新事物仍然朦胧不清。没有人能够解开未来之谜。如果天使军瓦解了，天国乱成一团，那么《圣经》仍将岿然屹立。除了《圣经》以外，我们还能在哪里找到心灵的安宁呢？"

但是，克尔恺郭尔的看法与这些人不同。他要求基督教回复其原始的纯洁性，因为这足以帮助我们这样的时代。基督教必须作为个人的殉难而恢复。个人在今天正被大众的人所消灭。克尔恺郭尔不会让自己由于成功地谋得牧师或教授的可靠职位而受到腐蚀，不会去宣扬一种客观的神学或哲学，不会成为一个鼓动家或实践的改革家。他无法向他的同时代人指明他们应该做什么。但是他能够让他们意识到他们正走在错误的路上。

上述引文都引自19世纪上半叶记录了时代意识的文献，这一类文字还可以无限地增加，以表明当代批判的几乎所有主题已有至少一百年的历史。在大战之前和大战期间，出现了两部著作，成为对我们时代最杰出的写照，即拉特瑙的《时代的批判》（1912年）和施本格勒的《西方的没落》（1918年）。拉特瑙的书是对现代生活的机器化性质的深刻分析。施本格勒的著作属于一种历史哲学，它富于经验材料，力图证明西方世界的衰落是自然规律作用的结果。这两本书的新特点，在于它们所用材料的真实性，在于它们以实证资料去支持所提观点的方法，还在于它们的广泛流传和它们所反复强调的主张——人类正直接面对着虚无。不过，克尔恺郭尔和尼采仍然是这一领域中的领袖人物。当然，克尔恺郭尔没有找到信徒来支持他对原始基督教的提倡，尼采的查拉图斯特拉哲学也未被普遍地接受。但是，由于他们两人发现了走向毁灭的趋势，所以，只能等待这场大战来引起人们对他们学说的空前关注。

毫无疑问，存在着一种普遍的信念，认为人的行动是毫无结果的，一切都已成为可疑的，人的生活中没有任何可靠的东西，生存无非是一个由意识形态造成的欺骗与自我欺骗不断交替的大漩涡。这样，时代意识就同存在分离了，并且只关注其自身。持有这种信念的人只可能产生关于他自身之空无的意识。他关于毁灭的结局的意识，同时就是关于他自己的生存之虚无的意识。时代意识已在空虚中完成了一个大转向。

当代状况的起源

关于人类当代状况的问题，比以往任何时候都更为紧迫。当代状况既是过去发展的结果，又显示了未来的种种可能性。一方面，我们看到了衰落和毁灭的可能性；另一方面，我们也看到了真正的人的生活就要开始的可能性。但是，在这两种互相矛盾的可能性之间，前景尚不分明。

不仅在有文字记载的历史之前，甚至在口头传说形成之前，就已经完成了那些使先于人的生物向人转变的成就。把我们的祖先提高到动物界水平之上的，是工具之持久而非偶然的使用，是火的制作和利用，是语言的诞生，是对性嫉妒实行足够的控制以使伙伴关系成为可能，并成为稳定持久的社会的基础。有记载的历史往前追溯，仅六千年的时间，它比之无法追溯的几十万年的史前史，只是一段短暂的时期。而人的形成中决定性的几步都是在史前史中迈出的。在那些漫长的岁月里，人们以各种不同的方式生存，广布这个星球，彼此互无所知。在这些人群中，看来是西方人有了发展（他们现在已征服了世界，让各地的人彼此接触，使他们意识到他们共同的人性），这是因为西方人始终运用了三大原则。

第一大原则是坚定的理性主义。它以希腊的科学为基础，估计和测量经验资料，并达到对它们的技术掌握。普遍适用的科学研究，由于罗马法的体系化而实现的法律判决的可预见性，以及运用于经济事业，并进而推广以使一切行动合理化（甚至使对行动的阻止也合理化）的精确计算——所有这一切都是服从逻辑思想与经验现实之统治的结果，因为逻辑思想与经验现实无论何时都能为每个人所发现。

第二大原则是个体自我的主体性（*subjectivity of selfhood*）。这一原则在犹太先知的教义中，在希腊哲学家的智慧中，以及在古罗马政治家的活动中显而易见。我们所称的个体性（individuality），在西方世界的人那里，就是沿循这些线索发展起来的，并且，一开始就同理性主义相关联。

至于第三大原则，是我们在西方人那里发现的这样一种坚定信念，即世界是在时间中的有形实在。这一信念正与东方人的"出世"观念相对比。后者出于这样的观点：或许非存在才是那向我们呈示为存在的东西的本质实在。确信，乃是对那个有形实在的确信，并且不可能独立于有形实在而发生。个体自我与理性主义是这种确信的双重根源，一方面它承认实在，另一方面它又设法支配实在。

这三大原则只是在最近的几个世纪里才获得发展，而且只是到了 19 世纪才达到自觉。这个世界的任何地方都成了人的足迹可及之处，空间被征服了。在我们的星球上，人第一次能够居住在任何他想居住的地方。一切事物都处于相互联系中。对空间、时间以及物质的技术控制，不可遏制地发展着，而且不再是通过偶然的、孤立的发现，而是通过有组织的合作。在合作的过程中，发现本身是有系统地进行的，服从于目标明确的努力。

在几千年的时间里，文明曾沿着各各分离甚至大相径庭的道路进展。但是在最近的四又二分之一世纪中，欧洲人征服了世界，并在最近的一百年里完成了这个征服。在这一征服的完成阶段加速进行时，涌现了大量具有独立头脑的杰出个人。这些人生气勃勃、充满活力，或有承当领导职能的自豪，或有能工巧匠的乐趣，或有冒险精神与清醒理智相结合的发现家的热忱，或有那些达到了最高境界的人所具有的满足。与此同时，人们觉得自己与如此展现的世界息息相通。然而，今天，我们意识到，对我们来说，这一扩张的世纪已经过去。人们的精神状态已发生逆转。虽然积极的成就依然在获取，但是由于这种逆转，我们已开始承认巨大的、几乎无法克服的困难将持久存在。客观征服的运动已达到终点，我们不再前进，而毋宁说是趋向后退。

西方人的那些指导原则排斥这样的观念：一种简单循环的再现能够恒常发生。我们的理性告诉我们，每一种新的认识都包含更进一步的可能性。实在并非如其本身那样存在，而必须用一种认识来掌握。认识是一种主动的占有。与此相关的运动每十年就加速一次。不再有什么东西是固定的。一切事物都受到质疑，并且被尽可能地加以改造；而近来，这一点是以19世纪所未曾遇到的内部纷争作代价来实现的。

人们普遍地感觉到与以前历史的脱节。然而，这一变革不止是对社会的单纯的革命，即不止是破坏一种社会——改变财产关系，推翻贵族等级。在一份四千多年前的古埃及纸草文献中载有下列内容：

"盗贼蜂起……无人耕种土地。人们诉说：'我们终日惶惶。'……到处肮脏不堪，不再有人衣着整洁……国家有如陶工的旋盘那样旋转不息……女奴们簪金戴玉……我们再也听不见笑声……各阶层的人异口同声：'但愿我们未曾降生。'……富人被迫去推磨……贵妇人屈身于女仆的差役……饿极了的人们竟去争抢猪豕的残羹剩汁……档案室被人破门而入，洗掠一空……手抄的文献毁于一旦。……更有甚者，那些愚蠢的人们竟使国家脱离了君主政权；……官员们东逃西躲，无处安身；……行政机构陷于瘫痪，群众像失去牧人的羊群那样担惊受怕……艺术家们不再忙于他们的艺术……少数人杀戮多数人……昔日的穷人而今俨然富翁，而曾经富有的人则对这些人极尽奉承拍马之能事……厚颜无耻比比皆是……哦，男人将不再是男人，女人将不再怀孕、生育！如此，直至最后，这个世界才将归于寂静。"①

从上述文字中我们看到，关于社会状况令人绝望地混乱、人们找不到安身立命之所的意识，古已有之。而修昔底德对于伯罗奔尼撒战争时期希腊状况的描述，则是另一个来自古代世界的例证。

但是，为了击中新时代的要害，这一观念必须更为深刻、透彻，而不应仅仅是关于革命、混乱、道德约束松弛等等可能性的一般概念。自席勒的时候起，现代的头脑即已意识到，关于世界中有神的存在的观念已经丧失——这一观念的丧失是最近几个世纪的特征。在西方这一过程被引向了比在其他地方更远的极端。无疑，在古代印度和古典世界即有怀疑论者。对这些人来说，除了向我们的感官呈现其自身的直接现存者以外，没有任何东西是事物的原因；而这种被牢牢把握住的直接现存者，本身也被看做虚无。但是即便如此，对他们来说，这个世界作为总体仍是一种精神化了的存在。在西方，作为基督教传播的一个结果，另一种怀疑主义形成起来。关于超验的造物主的观念把造物主看成是在这个世界之前、之后以及脱离这个世界而存在的，他从混沌中创

---

① 摘自爱尔曼：《埃及文献》（1923 年），第 130—148 页。

造出这个世界。这种观念把世界降低到单纯造物的水平上。异教信仰所相信的恶魔从自然的王国中消失了，这个世界成了一个无神的世界。所有被创造出来的东西现在都成了人的认识的对象，它们（似乎）都是对上帝思想的再思。新教非常重视这一点。自然科学及其对世界的理性化、数学化和力学化同这种形式的基督教有密切的联系。17—18 世纪的伟大的科学研究者都是虔诚的基督徒。但是，到了最后，当进一步发展的怀疑使上帝这个造物主也完结的时候，留存于存在中的就只有力学的世界体系了——这个世界体系要不是先已被贬至造物的地位，是绝不会被如此粗鲁地夺去精神的。

世界的这种非精神化，并非由个人无信仰所致，而是那个如今已导向虚无的精神发展的可能后果之一。我们感觉到前所未有的实存之空虚，这种空虚感即使面对古典时代最激烈的怀疑论也能够避免，因为古代拥有在不朽的神话实在中的那种众神聚居的充实，伊壁鸠鲁的信徒卢克莱修的《物性论》就充满了这些内容。的确，这样一种精神发展对于人类意识来说并非绝对不可避免，因为它的前提是误解自然科学的真实意义，并且不适当地将其范畴套用到一切存在上去。但是，如前所述，它是可能的，而且实际上已经发生，它受到了科学在技术与实用领域中的巨大成功的推动。在几千年的人类历史以及史前史中任何神都未能为人做的事情，人已经为自己做了。人很自然地想要通过他的这些成就来探明存在的本质，直到他惊恐万分地从他为自己造成的空虚中退缩回来时为止。

现代人往往将当代状况同古代世界衰落过程中的状况相提并论——或者同希腊城邦的瓦解和希腊文化的衰亡相比拟，或者同公元3世纪时古代文化的没落相比拟。然而，其间有重大差别。古典文明只是世界的一个小区域中的文明，这个区域并未将人类未来的全部因素都包括在内。今天，交往通讯的工具囊括了世界，整个人类都必须进入西方文明的范围。在中世纪之初，人口下降；如今，人口却增长，而且仍处在极大的增长中。当时，对文明的威胁来自外部；现在，这种威胁来自内部。我们的时代与公元3世纪之间最显著的差别在于，那个时候技术停滞不前，或者倒退，而如今技术却正大踏步地前进。有利的与不利的可能性都在我们所能预见的范围之外。

客观上明显可见的新因素就是技术世界的这种发展，它不可能不改变人类生存的基础并因此而给人类生存以新的环境。首先，对自然的有效的支配已经开始。如果设想我们的世界被埋到了地下，那么后来的发掘者们将不会找到像古代岁月留传给我们的文物那样的优美物品——甚至古代街道的路面对我们来说也是那么赏心悦目。不过，这些发掘者们将发现大量的钢铁和水泥，其数量之大足以表明，在过去的几十年里（相比所有以往的年代而言）人已经开始把这个星球包裹在一张机械构造的大网内了。如此迈出的这一步，其重要性不下于我们的祖先第一次使用工具时迈出的那一步。我们已经能够期待这样一天的到来：那时，这个世界将变成一座巨大的工厂，以充分利用它的物质和能量。其次，人已经挣脱自然而去做那自然绝不会为她自身做的工作，而这工作却能与自然的创造力争奇斗胜。这种工作对于我们来说已成为现实，不仅因为它有着可见的有形产品，而且因为它所发挥的作用。比如，从无线电天线塔的遗迹上，我们所假想的发掘者将无法推论出新闻在地球表面的广泛传布。

但是，这个世界的非精神化以及它之服从于先进技术的统治这一点，尚不足以概括我们这一世纪的全新特点和那些一旦完成就将使我们的世纪同以往的世纪截然有别的变化。甚至那些对此课题并无清楚认识的人也开始明确地意识到他们正生活在这样一个时代中：世界正在经历一场极大的变化，以往几千年中的任何巨大变化都无法与之相比。我们时代的精神状况包含着巨大的危险，也包含着巨大的可能性。如果我们不能胜任我们所面临的任务，那么，这种精神状况就预示着人类的失败。

即将到来的是一个终点，还是一个起点？它会不会是一个起点：其重要性相当于人最初成为人的时候，所不同的只是人现在拥有大量新获得的工具以及在一个新的、更高的水准上的经验能力？

状况概说

到目前为止，当我说到"状况"时，我对该词的使用未免抽象和不明确。严格说来，只有个人才可以说处于某种状况中。由此延伸，我们想到团体、国家和人类的状况，想到诸如教会、大学、剧院这样的机构的状况，还想到科学、哲学、艺术、文学的状况。当个人的意志支持这些事物或机构之一的事业时，他的意志和他所支持的事业就处于一种状况中。

在某些情况下，状况是无意识的，虽不为有关个人所知晓却已发生实际作用。在另一些情况下，状况实际上同个人自我意识的意志所采取的观点相关，这些个人能够接受它们、利用它们和改变它们。为观察者或参与者所意识到的状况要求与其相关的有目的的行为。这种状况并不自动导向某种不可避免的事物，而毋宁是指示了某些可能性以及可能性的界限。作为这种状况的结果而发生的事情，部分是由处于该状况中的人以及他对该状况的想法所决定的。对一种状况的"领悟"改变这种状况，只要这领悟能够使人对该状况采取确定的态度并诉诸行动的裁决。领悟一种状况是导向支配该状况的第一步，因为，审视它和理解它唤起了改变它的存在的意志。当我仍在设法理解时代的精神状况时，我是作为一个赋有智能的人而在努力运用着我的能力；只要我的理解仍是未完成的，我就只能将这种状况视为不依赖于我的贡献而自行其是的。但是，一旦我成为这种状况中的一个主动参与者，那我就自然地想要干预这种状况与我自身生存之间的相互作用。

然而，我们必须要问：我指的是何种状况？

人的存在主要是由他在经济的、社会的和政治的状况中的生存所构成。其他一切事物均依赖于这些状况的现实性。也许，甚至只有通过这些状况的现实性，其他一切事物才成为现实的。

其次，人的生命，作为一种有意识的存在，属于能知者的王国。历史地获得的和现在具有的知识（就它的内容、它的获得方式以及它的分类方法与积累方法而言），是作为人的头脑之可能的洞察力的状况。

再者，一个人自身能够成为什么样的人，这一点作为状况，取决于他在生命旅途中所遭遇到的他人以及召唤着他的种种可能的信念。

因此，当我探索精神状况时，我必须考虑现实的存在、知识之可能的洞察力，以及种种潜在的信念。

（a）个人就其社会生存而言，是局限于某种特定的环境的，因此，并非在所有环境中都是同等程度上的参与者。迄今为止，我们尚无可能来认识人在所有现存的社会状况中的行为方式。事实上，对于某个有关的个人来说，可能绝少有旁人说得清楚，什么东西被他视作其日常经验中理所当然之事。

的确，今天，个人比以往任何时候都更易于改变社会地位。早在19世纪，一个无产者就有可能升跃而成"工业界的巨头"。现在，他则有可能成为政府部长甚至总理，或者，一个共和国的总统。但是，毕竟，这样的可能性仅仅对极少数人存在，而且，比较一个人被迫始终如一地受与生俱来的命运限制来说，这类机会愈见其微。

人们已经具有关于生存的主要类型的某些一般认识，像雇佣劳动者、拿薪水的雇员、农民、手艺人、企业家、公务员等都是一些不同的生存类型。不过，我们人类状况所具有的普遍的伙伴关系反而比以前更为模糊了，因为，古老的等级束缚虽然已经松弛，但一种新的限制，即把个人局限于社会机器的某一规定位置的限制，已变得明显了。也许，一个人超越其家庭出身加给他的限制的可能性，现在比以往任何时候都少。今天，我们所有的人所共有的，不是我们的人性——一种普遍的、无所不在的伙伴精神——而是世界通行的时髦话、世界范围的交往工具的传播以及某些娱乐活动的广泛普及。社会之一般的状况不是我们命运中的决定性因素，而毋宁是以毁灭来威胁我们的东西。决定性的因素是个体自我在形成中的可能性，但个体自我现在尚未客观地存在——它处于个别性的王国，这个王国包括和胜过一般性的王国，而不是为后者所包括和胜过。这种个体自我对于当代人来说尚不存在，但作为一种可以实现的可能性而隐约潜在——只要人有意识地并且成功地作为自身命运的因素之一介入其中。

(b) 就知识而论，当代的状况表明其形式与方法以及许多科学原理正愈益易于为更多的人所掌握。不过，就个人而言，不仅各个人之间在可能达到的境界上有很大差别——这是事情的客观的一面——而且，在主观上，大多数人尚未形成求知的意愿，因而仍不具备追求基本知识的自发冲动。从关于知识的一般化观点来看，可以设想，对于我们所有的人来说可能形成某种同一的状况，这种状况体现了范围广大的相互交往，这样的交往很容易以一种一致的形式来决定特定时期中所有人的精神状况。但是人们在求知欲上的差异消除了达到这种一致的可能性。

(c) 现在来看一看个体自我之间的关系。这里，没有可以一般化的状况，有的只是那些彼此遭遇的个人之绝对的历史性、他们的交往的私人性质以及真挚而不可取代的个人纽带。当社会普遍解体之时，人就被迫重新依赖这些最原始的联系。只有从这些原始联系中才可能建立起一种新的、可靠的客观性。

因此，有一点是无可争辩的，即不可能存在某种对一个特定时代中所有的人来说具有同样性质的状况。假使我们把人类的生存设想为一个统一的实体，它随着时代的更替而处于不同的特定状况中，那么，这种想像将失之空幻。即使从假想的神看来，人类发展过程是这样进行的，但我作为个人，无论有多么广博的知识，却是在这个过程之内生存的，因而不可能成为站在这个过程之外的认识者。尽管如此，且不说这三种处于无限的错综交叉之中的特定状况，人们通常仍习惯于谈论时代的精神状况，就好像这样一种状况是实际存在着的。不过，在此，我们的思考使我们走向一个十字路口。

假定我们自己能够像神一样从外部审视我们的生存，那么，我们就能够为我们自己建立起一个有关总体的概念。我们把我们的注意力投射于人类历史中的一个特定的点上，即投射于当代这一点上。这样，一个客观的总体，不管它是作为静态的总体而轮廓分明，还是由于被认为处于生成过程中而模糊不清，都成为这样一种背景：依据这个背景，我从认识上说明我的状况，说明它的不可避免性、惟一性以及可变性。我的位置可以说是由坐标系确定的；我之所是，即是这个位置的功能；生存是整体的生存；我自己只是一个变量，或一个结果，或链条中的一个环节。我的本质即是作为整体的历史时代和社会状况。

把普遍的人类发展视作这样或那样一种必然过程的历史图景，无疑是非常吸引人的。我之所是即时代之所是。而时代之所是则展开其自身为那必然过程中的一个特定阶段。如果我认识这个阶段，我就认识了时代的要求。为了努力应付生存，我必须认识总体，通过对总体的认识我就知道我们今天所在之地。当代赋予我们的任务，应该作为我们在当代的无条件的义务而被热情地接受下来。这些任务的确把我限制于当代，但是，就我在当代思考它们而言，我就同时属于那广大的总体。没有人能够超越他的时代的限制。如果他试图超越，那么他就只会落于虚无缥缈之中。由于我通过认识总体而认识了时代，或者把认识时代看做是值得努力的目标，所以我就充满自信地去反对那样一些人，他们拒绝承认我所认识的时代提出的要求。对我来说，他们就像是一些背弃了现实事业的叛徒、逃兵、失败主义者，是临阵投降的变节分子！

当然，如此思考的人是免不了一种恐惧的，即害怕在某一天终究会不合时宜。他提心吊胆地避免落后，惟恐当现实继续前进时他会落伍。因此，最高的问题乃是"时代要求"什么。最令人快乐的事情莫过于宣布这个、那个或其他什么是前康德的、守旧的或战前的！一项判决就用诸如此类的话给定好了。理由充足的谴责是："你落后于时代；你脱离了现实；你未能理解新的一代！"惟有新的才是真的，只有青年才站在时代的最前沿。要不顾一切代价地追逐新潮！这种指向当代的自我肯定的冲动，其极端形式就是鼓吹当前，颂扬昙花一现的事物——仿佛关于当前的真相不可能有任何疑问似的。

但是，关于我们能够认识总体之历史真相及当下真相的观点是错误的。这个所谓总体是否存在，本身是一个疑问。不管我把时代看做一个精神原则，还是看做一种特定的生活感觉，或一种社会结构，或特殊的经济秩序，或特定的政治制度——不管取哪一种看法，那被我所把握的，都不是总体的最终根源，而仅仅是可以达到的诸考察面之一。我不可能从外部来审视这个总体，它是我在任何情况下都不可能脱离的东西。由于我自身的存在不得不在生存的总和中扮演其角色，因此独立不倚的认识无非是一种"煞有介事的愿望"：它是我想要走的道路的一张草图；它是在这种假想知识的主导精神中寻得发泄途径的不满情绪；它是由此找到了理由的消极无为态度；它是我从我所勾画的假想图景的辉煌灿烂中获得的审美快感；它是我借以满足我的自我肯定的冲动的表现方式。

不过，在这个相对的世界里，诸如此类的见识仍有某种用途和意义——而且，事实上是不可缺少的，如果我们在尝试走另一条对总体无所知晓的真实道路时真的想要把握我们自己的状况的话。一旦我已经知道怎样、以什么手段、在什么限度以内知识是可以达到的，我就没有别的选择而只有持续不断地去努力理解我的时代及其诸状况。关于我的世界的知识为我提供了惟一的手段，使我能够：第一，意识到可能性的范围；第二，形成合理的计划和作出有效的决定；第三，获得一些观点和思想，它们可以让我（作为一个哲学家）把人的生活解释成表现超越存在的一种现象。

因此，当我踏上了这条真实道路时，我就遭遇到一种自相矛盾的情况：我想要把握总体的原初冲动先已注定了要彻底失败，因为整体有被分解为片断的必然趋势，犹如被分解为零散的光点和星座，而我则试图倒过来以这些光点和星座再造一个整体。

但是，如果过于绝对地想像这两个对立的方向，会是一个错误。我假定整体是一个已被认识的事物，而我又仅仅对它有一个模糊的概念；或者，我满足于一个特殊的考察面，丝毫不想设法认识整体，但是由于把仅只偶然的事物当成绝对，我又歪曲了状况。

这两种错误的观点尽管彼此对立，却有某种共同点。对于那种除了批评或评价或热忱期待以外站在一旁不再直接参与的人来说，关于整体的模糊的概念是一种安慰，这种人认为自己只是面对那未经自己参与而发生的事情。把注意力只集中于某一有限状况的人，则相信这个状况就是存在本身，这样就把意识关闭在偶然性的狭隘范围内。一方面是关于整体的概念，另一方面则是过分限定于特殊的情形，这两方面一同助长了使一个人仅仅满足于表面行为的懒惰，这个人从不煞费苦心地去探求事物的底蕴。

与这两方面相对比的是心灵的这样一种态度，即把自身看做是正在努力寻得方向的个体自我；澄清状况的目的是为了尽可能清楚明确地理解一个人在特定状况中的自身的发展。人类的生存，无论是过去的还是当前的，都不可能被完整地加以认识。相比个人的真实状况，每一种被一般地理解的状况都是一个抽象，对它的描述无非是对一种类型的描述。以这个标准衡量，要达到具体的状况还缺少许多东西，还要补上许多并非确定的知识的东西。不过，关于状况的种种概念仍是一些激励的因素，激励个人自己去寻找通向所发生的事物之根源的道路。

阐明当代状况的途径

当代精神状况的构筑（它是一个过程，不会凝结为一个完成了的立体塑像）将继续进行。随着人们一方面愈益意识到认识的界限，另一方面愈益意识到过分的绝对性的危险将会形成这样一种趋势，即满足于以特殊的考察面为状况的代表。这些考察面在其特殊性中将是正确的，但并无绝对的正确性。

如果认为人类中群众的生活秩序是实在的原则，那么，一旦我们到达无名的力量被看做决定性力量的边界上时，这一原则就不能应用了。

如果坚持指出精神活动的衰落，那么这种观点只能达到这样的终界：在这个终界上，新的可能性开始呈现自身。

如果用考察人的生存的方式发现了时代的特征，那么，我们的论证就把我们引向这样一步：在这一步上，关于人的生存的哲学转化为实存哲学（existence-philosophy）。

如果我们作出一个沉思的预见，那么目标不可能是别的，而只是在适当的时候以能动的预见来取而代之。

如果我们谈到生活，那么，我们的目的必定是要使个体自我易于感知。

因此，我们对当代精神状况的思考，在两个对立面之间运动，这两个对立面并非在同一个层面上互相对照，而毋宁是使另一个完全不同的存在层面得以显露。所以，最终，我们并不知道所是者，而只是试图知道所能是者。

人不能企图知道上帝所能知道的。这样的知识将结束人在时间中的生存。人的活动是人的知识的目的。

第一篇
生活秩序的界限

现代生活的紊乱使我们难以理解实际发生的事情。我们正在一片未经标测的海洋上航行，无法到达这样一个岸口：在其上我们可以获得观察全体的清晰视野。或者，用另一种比喻来说，我们是在一个漩涡里旋转。这个漩涡仅仅向我们显露种种事物，因为我们在它的涡流里被拖着前行。

今天，人们把这样一点看做是理所当然的，即人类生活就是在技术进步的帮助下由合理化的生产来满足大众需求。这里看来有一个假定，即总体可以仅仅凭理性而归结为完善的秩序。这就是把人类对世界的组织这一可理解的过程认作整体。如果这种认识进一步成为关于当代存在的决定性意识，那么，当代存在对于我们而言就不再是由极难把握的种种可能性所组成的一个深不可测的大漩涡，而是作为一架目前正在运转的机器的必然的经济演化过程而呈现出来。

但是，生活秩序恒常受到搅乱。它的衰退似乎也是不远的事情。它显得无力于完善。问题于是产生：是否生活秩序本身对于我们来说能够成为"整体"？或者，是否生活秩序实际上不过是那总括一切和制约一切的整体的一个部分？我们在生活秩序的边缘看见国家、精神以及人性本身是人的活动的根源，这些根源并不进入任何生活秩序，虽然它们是使生活秩序成为可能的基本因素。

人怎样从这些根源中引出他关于实在的认识，这与他最初怎样同这个实在相联系而创造他的精神状况是一回事。为了说明这个精神状况，我们就以今天的人思考实在的方式为出发点。对当代生活作一种质朴的描述，比如描述得使每一个人不论其政治或哲学观点如何都能接受，将足以表明，对人之实在的认识与这个实在本身并不相同，虽然它们彼此都使对方凸现出来。这个实在——它在人们关于它的种种显然不可避免的见解中呈现自身——似乎表示人是完全不能自主的，但是，人自己成为什么样子，却取决于他如何阐发当代精神状况所强加给他的认识。人面对这样的问题：他是命定了要服从那些似乎决定了一切所发生事物的强大力量的统治，还是终究会找到他能够自由迈进的道路——因为在其上前述力量不再具有主宰作用？

第一章

技术和机器成为群众生活的决定因素

世界总人口的估计量在 1800 年是八亿五千万左右，现在则为十八亿。在一又三分之一世纪中，人口增长了一倍多。如果没有技术的进步，这种前所未有的增长是不可能的。种种发现与发明造成如下结果：生产在一个新的基础上进行；企业被组织起来；劳动生产率有计划地提高；交通与通讯工具在世界范围得到巨大改进；法律被系统地加以整理，有效的警察制度被建立起来，公共秩序由此得到保证。上述这些结果合起来又大大地提高了预测工业和商业活动后果的能力。现在，庞大的企业能够通过一个中心来指挥，哪怕它们的雇员多达几十万，触角伸及世界各地。

这项发展与生产和分配活动的合理化相联系。决定之作出，依据的是知识与计算，而不是本能与欲望。这项发展同样也与机器化相联系，一切工作都在每一个有关的人都须遵循的详细的准则与规章下进行。过去，人们在这类事情上通常是观望，在"事情自己发生"之前不另生事。现在，他们却预先设计好一切而不是听任机遇的安排。但同时这也造成了单个工人在许多方面几乎等同于机器零件这样的结果。

今天的人口所以能达到庞大的规模，全是由于这样一架各部件彼此相接而运转起来的巨大机器，每个工人都是其中的齿轮上的一个轮齿。由此，我们的基本需要就由史无前例的高效率来满足。离我们现在不远的 19 世纪初叶，德国还发生过饥荒。瘟疫带来浩劫，婴儿死亡率极高，很少人活到长寿之龄。今天，在西方的文明国度里，和平时期的饥荒并无所闻。1750 年伦敦居民的年死亡率是二十分之一，如今仅八十分之一。由于健康保险与失业保险以及其他社会福利制度，今天已经没有人再面临饿死的威胁，而这种威胁过去曾是整个欧洲人口的命运。相反，在亚洲，这种危险却仍然司空见惯。

群众生活必需品的供应并不是按照一个统一的计划进行的，而是一个极为复杂的系统的结果。在这个系统中，合理化与机器化将无数来源不同的因素汇合成巨大的洪流。这样得到的总结果不是一种把人当做低级动物的奴隶经济，而是一种由独立人格形成的经济。每个人在自己位置上的善意与自愿合作，是使整体运转正常的根本条件。因此，这架机器的政治结构必定是这种或那种形式的民主。不再有人能够按照一个预想的计划去武断地决定群众应该做什么，因为，普遍的赞同与容许在今天是不可缺少的。这架机器的运转实际上是无数个人意志张力的一种合力，这些意志张力，尽管彼此有冲突，却最终联合起来发生作用。从长远看，个人所做的事取决于他作为一个生产者所具有的功能。所以，虽然所有工作都是有目的的，但并无整体上有目的的经济。

在最近两个世纪里，在这一关于生活秩序的观念的基础上已发展出了政治经济学。由于一般意识所理解的技术-经济的发展以及社会的发展愈益成为历史事变进程的决定因素，关于这些发展的知识就逐渐成为有关人类事务的科学。这一点说明了何以一条看似简单的原理，即有目的地、合理地安排人类生活必需品的供应的原理，却呈现了如此复杂的面貌。我们在这里关心的是调节与控制，但它们本身从未完整地表现出来，而只能通过连续不断地改变形态来保持自身。

第二章
群众统治

技术性的生活秩序与群众是密切相关的。社会供应的庞大机器必须适应群众的特性，它的运行必须适应所能获得的劳动力的数量，它的产品必须适应消费者的要求。因此我们推论：群众必须统治。但是，我们却发现他们不能统治。

群众的特性

"群众"一词含义模糊。如果我们指的是同时代人的一种未经分化的聚合体——这些人处于某一特定状况中，并且由于全都承受到某些相同影响的压力而形成一个统一体——那么，显然，这样的聚合体只能在短暂的时间中存在。如果我们将"群众"用做"公众"的同义语，那么它就指由于共同接受某些观点而在精神上彼此相连的一群人。不过，这样的一群人界限模糊、分层不清，尽管往往是典型的历史产物。然而，如果"群众"指这样的人群聚合体，即他们在某种生活秩序的机器中如此接合起来,以致其中多数人的意志和特性具有决定作用,那么,他们就形成在我们的世界中持续起作用的有效力量——这种力量在"公众"或"群伙"中却只是短暂地呈现自身。

古斯塔夫·勒蓬曾有力地分析了作为"群伙"这类暂时统一体的群众所具有的特性——冲动、易受暗示、不宽容以及无常易变。"公众"则是一种幻象,是假定在大量的并无实际相互关系的人们中存在着的意见的幻象,尽管这种意见并不实际出现在公众的组成单元中。这种意见被当做"舆论"来谈论,但却是一种虚构。个人或群体求助于它来支持自己的特殊观点。它幻影般地难以捉摸、易于消逝。它"忽此忽彼,忽来忽去",虚无缥缈,可是却仍然能够在短时间内赋予大众以举足轻重的力量。

在一架机器中被接合起来的种种群众,其特性并非各各相同。体力劳动者、拿薪水的雇员、医生、律师,并非彼此简单相加而形成群众。其中每一种人都是潜在的个体。但是,无产阶级、医疗行业的全体、某大学的全体教师等则各自分别地联合而成接合起来的"群众",因为,事实上,联合体的多数决定了其所有成员的性质、行动与意志。人们可能期望人的本性的通常品质到处都起支配作用。"群众人"(mass-man)的通常性质表现于大多数人的举止行为中,表现于通常所买、通常所消费的东西中,表现于你在必须同

"群众中"的人打交道时一般所能期待的情况中——这一切都不同于个人的"一时喜好"。正如某家庭的预算反映了该家庭成员的趣味一样，一个国家的预算（如果它是由多数人来决定的话）也表明了该国家的大多数成员的兴趣。如果我们知道某个个人所需花钱的数量，那么我们就能从他告诉我们"我买不起这个东西，但买得起那个东西"这一点上推知他的特性。同相当多的人接触，我们就能知道，一般说来，我们能够从这些人那里期待什么。几千年来，在这些方面的判断引人注目地雷同。"群众中"的人看来是以享乐为目标的，并且只在皮鞭的威吓下或在渴求面包或渴求更好的食品的驱动下才去工作。但他们也厌倦于无所事事，总是要猎奇求新。

但是，除此之外，一个接合起来的群众还有其他品质。在这个意义上讲，并无全体人类的"群众"；只有各式各样形成、分解又重组的群众。凡通过稳定的效能和有组织的投票表决来决定所将发生的事情的团体都是接合起来的群众。个人在任何一个这样的群众中都只被视作许多具有同样权力的单元之一。然而，这些接合起来的群众是人生存的某种特定历史结果的可变的、多样化的和暂时的表现形式。不过，接合起来的群众有时也能以非常的方式表现自身，表明它们自己有能力应付非常的情况。虽然一般说来群众要比个人较为迟钝、较少修养，但在特别的场合，它可以比个人更精明、更深刻。

群众的影响

　　作为一个群众中的成员的人不再是他自己的孤立的自我。个人融化在群众中，不复是他在单独自处时的那个人。另一方面，个人在群众中成为孤立的原子，他个人对存在的追求被牺牲掉了，因为某种虚构的一般品质占据了支配地位。不过，每个个人继续对自己说："他人所有，我也要有；他人所能，我也能。"因此，在暗地里，嫉妒依然存在，渴望享有比别人更多的东西以及比别人更大的重要性的愿望也依然存在。

　　这种不可避免的群众效应，在今天，由于现代经济社会的复杂接合而得到了加强。群众的统治影响了个人的行为与习惯。执行某种在某一方面将被视为对群众有用的功能已变成义务。群众及其机器是我们至关重要的兴趣的对象。群众是我们的主人。对于每一个只看见事实的表面价值的人来说，他的生存依赖于群众。因此，关于群众的思想必定决定了他的活动、他之所虑以及他的责任。他也许会因为群众一般呈现出来的面貌而鄙视群众，或者会认为全体人类团结一致的状况在某一天注定要成为现实，或者，虽不否定每个人对所有的人所负有的责任，却仍然多少与之保持距离——然而，这责任始终是他不可能躲避的。他属于群众，尽管群众是一种威胁，会使他陷入巧言令色和群体动乱之中。即使是一个接合起来的群众，也始终有着非精神和无人性的倾向。群众是无实存的生命，是无信仰的迷信。它可以踏平一切。它不愿意容忍独立与卓越，而是倾向于迫使人们成为像蚂蚁一样的自动机。

当群众秩序的巨大机器已经巩固的时候，个人就不得不服务于它，并且必须时常地联合他的伙伴来整修它。如果他想要以理智的活动来谋他自己的生活，他会发现很难这样做——除非同时满足多数人的需要。他必须提倡使众人愉快的事情。众人的快乐来自饮食男女和自命不凡。只要其中的一项得不到满足，他们就觉得生活索然无味。他们也需要有某种自我认识的方法。他们想要被引入可以想像自己是领袖的方向上去。他们并不想要自由，但乐于被看做是自由的。凡欲迎合他们趣味的人必须创造出实际上普通而平庸的东西来，但要貌似不平凡。他必须赞美或至少肯定某种东西普遍地合乎人性。凡越出他们的理解力的事物都不能与他们相容。

任何想要影响群众的人都必须诉诸广告艺术。今天，即使一场思想运动也需要吹捧的热潮。那平静而朴实地从事活动的岁月似乎已经一去不返。你必须让你自己始终为众人所瞩目。你必须演讲、发言、追求轰动效果。但是，群众机器缺乏真正崇高的象征，缺乏庄严。没有人把节日的庆典当一回事，甚至庆典的参加者都是如此。在中世纪，教皇常常举行近乎皇家式的欧洲巡历，但是我们今天就很难想像，比如，在美国这个目前世界权力的中心会有这样的事情。美国人不会郑重其事地对待圣彼得的后继者！

第三章
技术性的群众秩序与人的生活之间的张力

　　一种特别地属于现代的冲突，给生活秩序设定了界限。群众秩序形成了一种普遍的生活机器，这机器对于真正人的生活的世界是一种毁灭性的威胁。

　　人是作为某种社会环境的组成部分而生活着的，他通过记忆和展望的纽带而与这种环境联系在一起。人并非作为孤立的单元而生存。在家里，他是家庭成员；在群体中，他是朋友；在这个或那个具有著名历史起源的"牧群"中，他是其中的组成部分。他之成为他现在这样的人，是由于某种传统，这种传统使他能够模糊地回顾他的开端时期并使他对他自己的以及他的同伴的未来负有责任。在他从过去的遗产中创造出来的世界里，只是由于具有继往开来的长期观点，他才获得了实质的保证。在他的日常生活中浸透了一个当前可见世界的精神，这世界无论多么小，总还是超出了单纯的他自身。他的不可侵犯的财产是一个狭隘的空间，对它的占有使他得以分享人类历史的总体。

为满足群众需求而形成起来的技术性的生活秩序一开始确实也保存了这些人类的现实世界，因为它供给他们以生活用品。但是，这样的时候终于到来了：在个人直接的现实的周围世界中不再有任何东西是由这个个人为了他自己的目的而制造、规划或形成的了。每一样东西都应一时的需要而来，然后被用完，然后被扔掉。就连住所本身也是机器的产物。环境变得非精神化了。白天的工作自行其是，不再组合到工人的生活要素中去——所有这一切，可以说，使人失去了他自己的世界。人就是这样地被抛入了漂泊不定的状态之中，失去了对于连接过去与未来的历史延续性的一切感觉，人不能保持其为人。这种生活秩序的普遍化将导致这样的后果，即把现实世界中的现实的人的生活变成单纯的履行功能。

但是，人作为个体，拒绝让自己被一种生活秩序消化掉，这种秩序只会使他成为为维持整体而起作用的一种功能。当然，他可以借助于一千种关系而生活在这架机器中，他依赖这架机器并参与其中的活动，但是，既然他已经成为一只齿轮上可被替换的单纯的轮齿而与其个性无关，那么，若无其他方法可以表现他的个体自我，他就要反抗。

然而，如果他想要"成为他自己"，如果他渴望自我表现，那么，在他的自我保存的冲动与他的真实的个体自我之间立刻就形成一种张力。直接的自我意志是推动他前进的主要力量，因为他受到一种盲目的欲望的激励，想要得到伴随生存斗争中的成功而来的利益。可是，自我表现的冲动又驱使他去冒难以预测的危险，这些危险关系到他的生活资料的保障。在这两种矛盾的冲动的压力之下，他的行动可能干扰生活秩序的平静与稳定。结果，生活秩序的紊乱在一种双重的可能性中包含着持久的自相矛盾。由于自我意志给个体自我提供了空间，在其中，个体自我能够实现自己为实存，所以，前者可以说是后者的身体，它既可以使后者毁灭，也可以——在有利的情况下——使后者成功。

于是，如果自我意志与实存两者都企图为自己找到一个世界，那么，它们就同普遍的生活秩序发生了冲突。不过，后者也反过来力图控制住那些威胁着它的阵地的力量。因此，它深切关注那些并非直接有助于自我保存的冲动的事情。至于这自我保存的冲动，则可能被冷淡地当做一种力图获取生活必需品的关键性需要，当做一种生存的绝对。这样，它就可以被称作"非理性"。当它被如此消极地理解的时候，它就被降格为第二等级的存在。但在某些有限的领域里，它也会再次被提升到第一等级。比如在爱情、冒险、体育运动以及游戏中，同单纯理性的目标相比，它可以获得一种积极的意义。或者，它也可以被当做不好的东西而受到抵制，我们在那些畏惧生活或缺少工作乐趣的人那里就看到这种情形。因此，无论以这种或那种方式，它都被归入那肯定无疑地专属谋生的领域，结果便是否定那个在它当中沉睡着的实存。那些注意到机器的作用过程、注意到群众的瘫痪状态以及注意到个体精神的势力，试图增进自我保存的冲动的种种要求，使之达到一种不受约束的满足，并且剥除其可能的绝对性。这种尝试是要把非理性的东西合理化，以便把它重建为对基本需要的满足。但是这样一来，这些势力就是要达到那并不真正可能的事物。其结果就是：那原本要促成的东西——促成自我保存冲动而使之超越目前状况——倒反而被这看似关照它的努力所摧毁。作为技术统治的牺牲品，它暗淡无光或杂色纷呈，人在其中已不再能辨认出自己，他被剥夺了他的作为人的个性。然而，既然它是不可控制的，它就要粗野地对付企图窒息它的种种清规戒律。

对自我意志以及实存[即自我表现]权利的要求是不可能被否定掉的，这就如同一旦群众形成就不可能不需要有一种普遍的机器来作为每个个人的生活与福利的必要条件一样。因此，在普遍的生活机器与一个真正的人的世界之间的张力就是不可避免的。每一方都依靠另一方而获得自己的现实性。如果其中一方决定性地征服了另一方，那么它也就因此而立刻摧毁了自身。力图控制与力图反抗，这两者将继续它们之间的相互打击，它们彼此误解，虽然它们都有效地促进了对方。彼此误解之所以不可避免，是因为在作为谋生推动力的自我保存与处于自身的绝对性中的实存[即对更高形式的自我表现的渴望]之间存在着冲突。

只要人开始对自身有充分的意识，生活秩序的界限就会变得明显起来。

那个使我们如今所过的生活成为可能并因此而必不可少的东西，对人的个体自我始终是一种威胁。在先进技术的时代中，知识的增长，连同机器统治的扩大，看来是限制了人的潜力，尽管同时也充实了他。如果没有能干的领导者出现——这一点是可能的——那么，显然他有可能会垮掉。只要人仍然是人就必须以某种方式生活在其中的这样一个世界，正是他的必要的历史环境，这世界的象征就是家的生活。他知道自己受到了威胁这一事实表现为他对生活的畏惧。他能够通过他日常生活的成就来保证自我表达这一事实则表现为他（有时候）在工作中找到的乐趣。而他实现他的生命实在的方式则表现在体育运动中。

先进技术时代中的意识

技术进步的后果，就其关系到日常生活而言，在于形成了生活必需品的可靠供应。但是供应的方式使我们在这些必需品中得不到多少快乐，因为它们之来到我们手中成了某种理所当然的事情，而不具有由成就感所带来的兴味。它们仅仅是物品，可以在我们注意到它们的片刻通过支付货币而获取。它们缺乏那种由个人努力而生产出来的东西所具有的独特吸引力。诸种消费品成批地供应，成批地消费，留下的废料则被扔掉。它们能够方便地互换，一个品种与另一个品种之间有同等价值。在大批量生产出来的制造品上，并未施加任何努力来设法达到某种独一无二的珍贵品质、设法生产出某种其个性可以使之超出流行样式的东西，这种东西将被小心地爱护。单纯满足日常需要的物品，并不引起人们的钟爱，它只在偶然得不到的时候才被认为是重要的。在这后一点上，无疑，由于供应愈益扩展着的普遍保证，倘若有什么东西在供应上竟然发生了问题，就会强化匮乏感和危机感。

在诸种消费品中，我们区分出这样一些消费品：它们性能良好，实际上已经完善，具有确定的形式，其制造工艺已完全标准化。这类产品并不是以完整的形式从某一个非凡的头脑中一下子产生出来的，而是一系列前后相继的发现与改良的结果。这些发现与改良也许持续进行了不止一代人的时间。比如，自行车就用了二十年的时间来经历其变革过程的不同阶段（其中某些阶段现在在我们看来也不只是一出小小的喜剧），才最终达到了限于少数几个品种的定局状况。虽然大多数消费品仍然由于这样那样的原因而不受欢迎，比如，由于形式粗糙、过分或不足的偏差、细节上的不实用、技术方面的性能不良等诸如此类的原因，但是理想的模式指明了前景，而且在相等数量的实例中已被实现。当完善化已进展到如此地步时，对某一特别品种的喜好便是没有意义的了。普遍的形式对我们来说才是重要的事情，而且，不管这种形式可能是怎样的矫揉造作，这类事物却有着某种功能上的合适性，这就差不多使它们显得像是自然的产品，而不是人的活动的产物。

由于每日新闻报刊、现代旅行、电影、无线电等等在技术上征服了时空，交往的普遍化已成为可能。不再有什么事情是遥远的、神秘的、不可思议的。所有的人都可以成为伟大的或重要的事变的目击者。那些占据了领导职位的人物对于我们来说都是十分熟悉的，好像我们每天都和他们有来往似的。

代表这个世界的精神态度已被称为实证主义。实证主义者不想高谈阔论，而是要求知识；不想沉思意义，而是要求灵活的行动；不是感情，而是客观性；不是研究神秘的作用力，而是要清晰地确定事实。关于已发生的事物的报道，必须简明而具体，不带有情绪色彩。把互不相连的材料聚集在一起，即使这些材料十分可靠，也给人一种印象，似乎这是先前教育的遗风，因而毫无价值。长篇大论是多余的，所要求的是建设性的思想。简洁与直率胜于雄辩滔滔。控制与组织化具有最高意义。技术领域中的讲求实际之风使技术行家们能够熟练地处理各种事情；而关于这类事情的观念能否方便地交流这一点则成为统一知识的标准。卫生学与舒适安逸的标准规范着肉体生活和性生活。日常事务的处理与安排遵循着固定的规则。想要按一般常规行事以避免由于不同寻常而引起旁人惊怪的愿望，导致了典范行为的建立，这种典范行为在一种新的层面上重建了类似于原始时代禁忌规则的东西。

个人被融入了功能之中，存在被客观化了，因为，个体如果仍有其突出地位的话，实证主义就遭到了损害。个人意识融化到了社会意识之中，因此，在例外的场合，个人也会在工作中找到欢乐而没有一点自私的色彩。这里，重要的是集体。对于个人来说可能是乏味的甚至不能忍受的事情，对于作为集体之一部分的他，就变得可以忍受了，因为在集体中有一种新的力量刺激着他。他只是作为"我们"而生存着。

本质的人性降格为通常的人性，降格为作为功能化的肉体存在的生命力，降格为凡庸琐屑的享乐。劳动与快乐的分离使生活丧失了其可能的严肃性；公共生活变成单纯的娱乐；私人生活则成为刺激与厌倦之间的交替，以及对新奇事物不断的渴求，而新奇事物是层出不穷的，但又迅速被遗忘。没有前后连续的持久性，有的只是消遣。实证主义也鼓励人们无休止地从事出于种种冲动的活动，这些冲动是我们大家所共有的：比如，热衷于数量上的庞大，热衷于现代技术的发明物，热衷于声势浩大的群众；狂热地崇拜名人的成就、财富与能力；在性的行为上趋于复杂造作和兽性化；赌博、冒险、甚至使生命遭受危险。彩票数以百万计地出售。字谜游戏成了人们闲暇时间的主要活动。在精神的这种实证的满足中并无个性的参与或个性的努力，它所增进的是日常工作的效率，使疲劳及消遣规则化。

当生命变成单纯的功能时，它就失去了其历史的特征，以致消除了生命之不同年龄的差别。青春作为生命效率最高和性欲旺盛的阶段，成了一般生命之被期望的类型。只要人仅仅被看成是一种功能，他就必须是年轻的。倘若青春已过，他就要努力显得青春犹在。此外，还有一些基本的理由使年龄不再被考虑。个人的生命只是短暂地蒙获体验，它在时间中的延伸是一种偶然的持续，并没有被当做在生物学过程诸阶段的基础上所作出的一系列不容挽回的决定而被记忆和珍惜。由于一个人不再具有任何特定的年龄，他就总是同时既在开端又在终点。他可以做这件事，做那件事，做别的什么事。每一件事似乎在任何时候都是可能的，可是却没有一件是真正真实的。个人无非是千百万个人中的一个，因此，他为什么应该认为他的行动具有重要性呢？一切发生得快，遗忘得也快。因而人们的行为举止倾向于显得大家都是年龄相同的人。孩子们尽可能快地变得像成年人，他们主动地加入成年人的谈话。当老人们努力装得年轻时，年轻人当然就不尊重长辈了。这些老人不是如他们应该的那样与年轻人保持某种距离，给他们树立某种标准，而是摆出一副具有不可战胜的生命力的样子，这种样子对于青年是自然的，但在老年人那里就不合适。真正的青春应该保持自身的差别，而不是毫无区别地与长者们混合在一起。老年则需要庄重与成熟以及人生道路的连续性。

由于实证主义提出了简明性的普遍要求，即通过简明性而使事物均能得到普遍理解，所以，它就倾向于为各式各样人类行为的表现形式建立一种"通用语言"。不仅物品的样式，而且社会交往的规则、言谈举止的姿态、说话的措辞用语、传达信息的方法都趋向于统一。现在有一种已形成为惯例的社交道德：彬彬有礼的微笑，安详平静的举止，不急不躁，在气氛紧张的场合下采取幽默态度，在代价合理的前提下乐意助人，意识到"个人议论"的不足取，在一大群人聚集的时候注意自我克制以促成秩序以及轻松自在的相互关系。所有这些要求都有利于各种人混杂在一起的公共生活，而且实际上都已达到。

机器的统治

由于那提供人的生活的基本必需品的庞大机器把个人变成单纯的功能，它就解除了个人遵循传统准则的义务，这些旧时的传统准则曾经使社会得以巩固。已有人指出，在现时代，人们是像沙粒一样被搅和在一起的。他们都是一架机器的组成部分，在这架机器中，他们时而占据这个位置，时而占据那个位置。他们不是这样一种历史实体的组成部分：在这个历史实体中，他们注入他们自己的个体自我。过着这种无根生活的人的数量正继续不断地增大。他们被迫四处奔走，也许会失业相当长的时间而仅仅维持着起码的生计，因此他们在总体中也就不再有确定的位置或地位。有一句深刻的格言说，人皆应各得其所，去完成造化赋予他的任务。但这句话对于上述的人们来说已成为一句谎言，对于感到了自己被遗弃而漂泊不定的人们来说是虚弱无力的安慰。一个人在今天所能有的作为只能是目光短浅的人的作为。的确，他有职业，但是他的生活缺乏连续性。他所做的事固然有其意义，但一旦完毕便烟消云散。任务可能以相同的形式重复多次，可是却不能以一种同个人相关的方式来重复，也可以说，不能成为那任务完成者的个性的一部分，因此它并不导致个体自我的发展。已经完成的事情不再具有什么意义，惟有实际上正在做的事才是重要的。这种生活的基础在于忘却。它对过去与现在的视野缩小到了如此地步，以致除了赤裸裸的当前以外，几乎没有任何东西留存在精神中。因此生活就按其常规进行，没有记忆与预见，缺乏那可以通过有目的地、抽象地观照在这架机器中所扮演的角色而获得的活力。对事物和人的爱减弱了、丧失了。机器制造的产品一旦造好、一经消费，便从人们的视野中消失，尚留存于视野中的只是机器而已，它正在制造新的产品。在机器跟前的工人只专注于直接的目标，无暇也无兴趣去思索作为整体的生活。

当一般水平上的执行功能的能力成为成就的标准时，个人就无足轻重了。任何一个人都不是必不可少的。他不是他自己，他除了是一排插销中的一根插销以外，除了是有着一般有用性的物体以外，不具有什么真正的个性。这些被最强有力地预置在这种生活中的人都没有任何认真地想要成为他们自己的愿望。这样的人有一种优越性：似乎这个世界必定要交给平庸的人，交给这样一些没有一条人生道路、没有等位或差别、没有真正属于人的品质的人。

看来，如此被贬抑、被拉到物的水平上的人，已经失去了人性的实质。没有什么东西是由于具有实存的真实性而吸引着他的。无论是愉悦还是不适，是奋发努力还是疲劳倦怠，他都不过是执行着他的日常任务而已。他日复一日地活下去，惟一可以刺激他超出完成日常任务的范围的欲望，是占据在这架机器中可能达到的最好位置的欲望。那些始终停留在自己的被指定的地位上的人同那些不顾一切地向前推进的人不一样。前者是消极的，安于他们所是的状况，在闲暇时间里追求快乐。后者则是积极的，为野心和权力意志所推动，焦躁不安地盘算着升迁的种种机会，使尽他们最大的精力。

这整个机器由一个官僚集团所操纵，而官僚集团本身也是一架机器——被归结为机器的人。所有那些在更大的机器中工作的人都依赖于这架官僚机器。国家、城市、工业与商业的企业都由官僚集团所控制。今天，人们以巨大的数量联合起来从事劳动，他们的工作必须加以组织。那些奋力跻身前列的人已获得了晋升，并享有很高的尊重，然而，他们在本质上也还是他们所具有的功能的奴隶，而这些功能只是要求比一般大众具有更为敏锐的智力、更为专门化的技能以及更为积极的活动。

机器统治有利于有能力使自己跻身前列的人，即有利于深谋远虑而又坚韧不拔的个人。这些人非常熟悉一般人所具有的品质，因而能够有效地驾驭他们；这些人很乐意获得这个或那个领域中的专门知识；这些人能够不懈地努力，目标指向最重要的机会而毫不顾及其他；这些人时刻挂念着他们在人世间生活的进展。

此外还有一些更进一步的要求。一个想要向上爬的人必须能够讨人喜欢。他必须说服人，有时甚至实行贿赂。他必须对人非常有用，以致使自己成为不可缺少的。他必须能够守口如瓶，能够巧取智胜，能够有分寸地说一点儿谎。他必须不厌其烦地寻找理由，必须显得忠厚老实，必须善于在某些场合诉诸人们的感情，必须能够以讨上司喜欢的方式来工作，必须避免显示出独立性，除非在某些事情上这种独立性是他的上级所期待的。

几乎没有人是生来就能发号施令的，因而总是被教会来指挥人，并且，这架机器中的高职位必须由野心勃勃的人来努力攀取，因此，领导地位的这种获取就取决于行为举止、本能以及评价。这些因素都使那作为负责任的领导之决定因素的真实的个体自我受到了损害。有时，幸运与机遇也会导致晋升。不过，一般说来，竞争中的胜利者都具有那些使他们不愿意容忍他人成为真实的自我的品质。因此，这些胜利者们往往要压制所有想要充分地自我表现的人，把他们说成是狂妄的、古怪的、偏执的、不实际的，并且故意用绝对的标准来衡量他们的成绩。后者在人格上遭受怀疑，被栽上好斗者的污名，被当成和平的破坏者和桀骜不驯之徒。由于到达高位的人只是通过牺牲其他个体自我才"到达"的，因此他就不能容忍在下级当中有自我表现。

所以，在这架机器中晋升的独特方式也就决定了对高职位候选人的挑选。由于一个人要是不努力进取就无以进展，但在任何情况下"崭露头角"又总被看做有失体统，所以，通常的做法就是候选人必须装出安静等待的样子，直到被召唤。每个人都要设法解决这个难题，即如何既努力争取职位，又显得对升迁无动于衷。通过一次偶然的谈话，先不动声色地放出风来，然后以置身事外的姿态设想种种原因。通常用这样的话开头："我确实没想到"，或"很难料想"，等等。倘若这种暗示未引起什么反应，那也无伤大雅。如果引起了反应，则可以随即开始涉及具体内容，明说某项职位就要安排人选，然后广为宣扬自己压根儿没有要当选的企盼。他甚至可以装出很不情愿当选的样子。有野心的人惯于口是心非、两面三刀。他会尽可能多地拉拢有利的关系，以便利用这些关系。我们拥有的不是作为真正自我的个人之间的同志情谊，而是一伙以"你捧我，我也捧你"为座右铭的人之间的虚假友谊。最重要的是，当大家正皆大欢喜的时候，你不要成为煞风景的人。你要表现出对所有人的尊重。当有人断言此事人人能做时，你要表现出愤慨。为了彼此都有的好处，你要加入到互相吹捧中去。如此等等。

领导

要是普遍的生活秩序竟然发展到完全吞没了人之作为个人的世界，那么其结果就是人的自我灭绝。在这种情况下，机器本身也会毁灭了自身，因为它毁灭了人——没有人，机器不能继续存在。真正的组织能够给每个人指定其功能，规定其工作的数量和消费的数量，但是，它不能产生出它自己的领袖。不作思考的普通人只是在无需他自身创造性的条件下尽其所能，在这些条件下，他并未被要求自己去思考。他必须在一个集体中工作，这个集体就他看来是自在自存的。他被束缚在一架由异在的意志所支配的机器中，他顺从地做着那指派给他的工作。如果有某种决定是要求他来作出的，那么，这个决定就是在他有限的功能范围内偶然作出的，他并没有必要去探究事物的根本。在他的路途上所遇到的困难，都由为指导他而设立的准则与规章给消除了，或者由他盲目地服从命令的那种顺从给消除了。但是，一个真正的、世界范围的、创造性的行动共同体必须以下述条件为前提：命令的发出者是以一种彻底的责任感来发命令的，而命令的服从者则完全地理解他正在做的事情的理由。一句话，这些人都是真正的他们自己；领袖则找到了那些他能够依赖其独立判断的人，同他们联合起来一起听从内心的声音。然而，与此相反，这架机器却已经成为一切的一切，不再有成败取决于行动者的判断力的那种风险，因此，就不再有发挥独创性的空间了。然而，即使这架机器要求的是没有创造性的工作，在关键时刻，却仍要有一些已通过把自己融进他们的世界里而确立了地位的领袖们，没有他们，这架机器的工作就要萎缩。如果在未来的日子里缺少这样的人物（因为他们从青年时候起就丧失了自我发展的机会），那么，这架机器自身就将瘫痪。自我表现的人们所具有的独立性处于这架机器的外围，对于机器的平稳运行曾是一种威胁，但是到头来却表明，它在机器的改造不可避免时将发挥必不可少的作用。

因此，尽管处于群众和机器的统治之下，个人领袖的重要性依然存在，只是，现在特别的境况决定了对领袖人物的选择。伟大的人物同精明能干的人相比变得不重要了。这架供给群众以生活必需品的机器始终是由这样一些人所照料和操纵的：他们对他们所起作用的充分理解成了促成全体成功的基本因素。群众的权力借助于群众组织、多数派、舆论以及绝大多数人的实际行为而依然有效。但是，群众权力只有在不时地有这个或那个个人让群众明白自己的真正需要并充当群众的代表的情况下才起作用。虽然难得会出现其个人目标与芸芸众生的要求非常合拍、能够既保住地位又不停地为大众利益而工作的领袖，但是，对这样的领袖的需要是经常出现的。这种"恰在其位的最合适的人"似乎是偶然冒出来的。形势的力量使这种人暂时地不可缺少。不过，最后的权力仍在群众手中，没有群众的同意是不行的，尽管在例外的、暂时的情势中，某一个人必须作出决定。如果这个人只是通过被培养成群众的工作人员并始终倾听他们的愿望才达到这个有影响的职位的，那么，他就已经如此这般地调整了他的性情，他绝不会去对抗群众的要求。他不会把自己看做是赋有独立的个体自我的人，而是看做那支撑着他的群众的代表。从根本上讲，他同其他个人一样软弱无力，他是反映了群众意志的事情的执行人。离开了群众意志的支持，他就什么也不是。他之所能是，并不以某一理想来衡量，并不同某一真正在场的超越存在相关联，而是基于他对人类基本品质所形成的概念，这些品质表现在大多数人中，并支配了行动。于是，这种类型的"领导"就造成了错综复杂的结果。

在生活秩序的十字路口上，所面临的问题是要么有新的创造，要么衰亡。对于新的创造来说，是否出现这样的人将具有决定性的意义：这个人能够主动地出来掌舵，沿他自己选择的航线前进，哪怕这航线违背群众的意志。要是这类人物的出现不再可能，那么可悲的覆舟之灾将不可避免。

在群众的组织中，统治或领导，如幽灵般不具形迹。有的人谈论完全废除领导。提出这种主张的人对下述事实视而不见：没有领导，没有统治，就不可能有人类的群众生活。正是因为缺乏有效的领导，各种各样的分崩离析、哗众取宠、欺蒙诈骗才屡见不鲜，令人恶心的市侩作风、拖沓推诿、折衷妥协、考虑不周的决定、吹牛行骗等等才司空见惯。我们到处都可以遇到由追求享乐、惟利是图而引起的形形色色的腐化现象。这些现象之所以盛行不衰，是由于所有有关的人的默认。如果某桩丑事被公开了，那么它会引起短暂的轰动，但很快便平静下来，因为人们普遍承认这一丑闻至多是根深蒂固的弊病的一个症状而已。

愿意肩负责任的人是极为罕见的。那些由机遇推到前列的领袖们在没有担保的情况下几乎不作任何决定。他们拒绝行动，除非有委员会或秘密会议的支持。他们当中的每一个人都试图把责任推给别人。作出最终裁决的法庭是人民的集体权威，它隐在背景中，通过选举过程而起支配作用。然而，在这种事情上，真实存在的，既非作为一个团体的群众的统治，亦非个人得以履行他们认为自己能胜任的责任的那种自由。某种由于据说能促进普遍利益而被认为神圣不可侵犯的秩序或制度，才是我们所面对的权威。这种秩序或制度有多种多样的形式，正是以其中的某一形式为基础，才使责任感最终得以积聚。每个个人都作为一分子而参与了决定，但任何一个人都不是真正的决定者。人民只是在这样一种意义上才算得上是实际的政治家，即事情一开始是任其自行发展，随后才有人们的介入，但这介入无非就是正式认可盲目演化着的现实而已。有时候，某一个人会获得一些例外的权力，但是，既然他在集体中的生活未曾使自己对这样的地位有所准备，所以，他在这种由机遇造成的情势中只能用这些权力来谋私利或贯彻某些教条式的理论。任何人一旦在公众当中崭露头角，就成了公众情绪关注的热点。群众会欢欣鼓舞，或者，当任何决定性的事情都未发生时，会被激怒。人们将继续漫无目标地在迷雾中徘徊，除非在这个总的生活秩序之外，会从别的源泉中产生并盛行人自己来实行统治的意志。

家庭的生活

家，家庭共同体，是个人借以同该共同体中其他成员建立毕生信赖之联系的那种感情的一个结果。它的目标是抚育后代，使他们能够加入他们所属的那个传统的社会实体，这样就促进了持久的人际联系，这种联系只有在日常生活的艰难中才能获得其不受束缚的实现。

在此，我们发现了我们共通的人性中最基本的因素，以及所有其他因素的基础。与各类群众不同，这种原初的人类之爱是自然地发散出来的，是完全不依赖他物的，在任何情况下都只同它自己的小世界联结在一起，这个小世界的命运不同于其他同类的小世界的命运。正因为如此，婚姻在今天已变得比以往任何时候都更为重要。早先，婚姻并不如此重要，因为热心公益的精神尚在一个较高的水平上，并且是普遍稳定的一个较为有效的源泉。今天的人，在某种程度上，是被勉强推回到他出身的那个狭小空间中去的，并在那里判断他是否将继续作为人而生存。

家庭需要其住处，需要其生活秩序，需要稳定和相互尊重，需要所有成员的忠诚，这些成员通过彼此之间的义务而确保家庭有一个牢固的基础。

即使在今天的时代，人们对这个原初世界的依恋仍是十分强烈的。但是，这个世界被解体的趋向随着某种普遍的生活秩序被绝对化的趋势而增大。

我们先来考察外部事实。群众聚居在形如兵营的房子里。本该是一个家的地方，已变成单纯的栖身之巢或睡觉的地方；日常生活则日益技术化。这些因素都易于使人们对他们能随随便便离开的环境取全然无所谓的态度。他们已不再把这种环境看成是某种他们在精神上非常依恋的地方。那些声称为更广大的共同体利益服务的权力机构则助长个人的自私而损害家庭的地位，它们尽量地要使孩子们同家庭对立。公共教育不是被看做至多是家庭教育的补充，而是被认为比后者更为重要，它的最终目的逐渐显露：要把孩子们从他们的双亲那里拖走，使他们可以成为只属于社会的孩子。对于离婚，对于迷恋多夫多妻的倾向，对于人工流产，对于同性恋，以及对于自杀，人们都不再恐惧。这种恐惧过去曾经保护了家庭。现在这类越轨行为则被看成小事，如果受到谴责，这种谴责至多是做做样子而已，或者被轻描淡写地归入民众道德的范围中去。可是，在另一些场合，我们又发现，对堕胎和同性恋的惩戒被轻率地专门列入刑事法典中，但这些行为（原是道德过失）并不真正属于刑法范围。

家庭瓦解的这些趋势，通过一种不可避免的发展而恰恰起于那些本应在家庭集体中找到的个人，这些集体如同孤岛，岿然抵御着普遍生活秩序的洪流。正因为如此，这些趋势才具有更大威胁性。婚姻是当代人必须对付的最棘手的难题之一。想要预言有多少人将被发现天生不能胜任结婚的任务是不可能的。但毫无疑问的是，将有许许多多这样的人，由于不能保持对于他们的个体自我来说十分必要的公益与权威精神而将坠落无底的深渊之中。另外，还须注意这样一点，即妇女的解放与妇女的经济独立性的增强近来已使婚姻变得更为困难，所以现在有大量未婚女子随时乐意满足男子的性欲。在很多情况下，婚姻至多是一项契约，丈夫一方的违约仅仅意味着必须承当付给离婚赡养费的惯例性惩罚。在日益增多的放任之外还产生了对于给离婚提供方便的要求。夫妇纽带脆弱的一个征兆是讨论婚姻的书籍大量出现。

鉴于这种紊乱状况，普遍的生活秩序就力图在这样一个领域中重建秩序，但这个领域中的秩序是只能由个人通过自由以及为教育所启发的关于他的存在的根本价值来达到的。由于性放纵趋于打破一切约束，所以合理化的生活秩序就努力来控制这种危险的非理性。甚至性生活都要技术化，即符合卫生学的安排以及遵循各种旨在巧妙地掌握其过程的规则，以使性生活尽可能地带来快乐和避免冲突。范·德·维尔德的《理想的婚姻》一书力图把夫妇纽带性爱化，它反映了我们时代的症状，是试图去除我们时代的痛苦中的非理性成分的努力。我们必须认为下述事实是意味深长的：甚至天主教的神学家们都出来向公众推荐这本书。婚姻在宗教上被贬低为第二等级的生活（这种生活只要有教会批准就能避免不贞洁的污点），而爱则作为一种危险的非理性而被技术化，这两者虽然都无意识地，但却彻底地否定了那实现其自身于婚姻中的无条件性。宗教与技术在这里不知不觉地联合起来反对把爱作为婚姻的基础。以爱为基础的婚姻无需证明合法性，因为它来源于生存，它有着由生命决定的忠诚这样的无条件性，这种忠诚也许只是在偶然的时刻才会保证性的快乐。爱仅仅通过生存的自由才确证自身，它已经把性欲包含在自身中，既未贬低性欲，也未承认其色情的欲求。

一个人如果不是从家庭与个体自我之间的种种纽带的根源出发把这些纽带发展成一个总体，而是抛弃了这些纽带，那么，他就只能生活在群众之现成的而又总是飘忽不定的精神之中。如果我这样做，那么我就把我的注意力始终放在普遍的生活秩序上面，力图获得这个秩序里所具有的一切，与此同时背弃了我自己的真实世界，放弃了我对这个世界的要求。当我不再信赖家庭的时候，当我仅仅作为等级、作为诸种利益的集合、作为企业中的功能而生活的时候，当我在一切我认为的权力所在之处进行努力的时候，家庭就崩溃了。那种只能通过整体而获得的东西并未取消对我的这样一个要求，即我仍应该有效地承担起那些主要地要通过我自己的创造性才能做到的事情。

因此，普遍的生活秩序的界限是由个人的自由所设定的，个人必须（如果人仍然要成其为人的话）从他自己的自我中唤起任何他人都无法从他那里唤起的东西。

对生活的畏惧

在生活秩序的合理化和普遍化过程取得惊人成功的同时，产生了一种关于迫近的毁灭的意识，这种意识也就是一种畏惧，即担心一切使生活具有价值的事物正在走向末日。不仅这架机器因其达于完善而看来就要毁灭一切，甚至这架机器本身也面临危险。这里发生了一个悖论。人的生活已变得依赖于这架机器了，但这架机器却同时既因其完善也因其瘫痪而行将毁灭人类。

如此灾难性的未来前景使个人心中布满畏惧，因为他是不可能满足于成为一个与自己的根源相脱离的单纯功能的。一种在其强度上也许是前所未有的对于生活的畏惧，是跟随着现代人的可怕阴影。他惊怖于这样的可能性：在不远的将来他将不能得到生活必需品。由于生活必需品的供应如此受到威胁，他的注意力就比以往任何时候都更专注地盯住这些物品；同时，他也充满另一种与此非常不同的畏惧，也就是对于他的个体自我的畏惧——他不能正视它。

畏惧将自身附着于一切之上。所有的不确定性都染有畏惧的色调，除非我们能成功地忘却它。担忧使我们不能充分地保护自己的生命。那些以往曾经到处盛行而不被重视的残忍行动，现在比过去少，但我们已开始注意到那些依然留存的残忍，而且这些残忍看来比过去更为可怕。凡想继续存活的人必须将他的劳动力运用到极致，他必得不停息地工作，屈服于不断增强的驱迫力。每个人都知道，凡在竞赛中落后的人都会跌倒而无人看顾；而过了四十岁的人则意识到，这个世界不再需要他。的确，我们有社会福利机构，有社会保险体系，有存钱的银行，等等。但是，公共机构的帮助以及私人的慈善事业所能提供的一切愈来愈低于那被看做体面生活的水准，尽管人们不再被听任饿死。

对生活的畏惧还附着于肉体。虽然统计学家们所称的估计寿命明显提高，但我们全都愈益感觉到生命的没有保障。人们所要求于医疗的，远远超出从医学和科学观点来看的必要程度。要是一个人开始将其生活看做是在精神上不可取的，要是他仅仅因为不再能理解其生活的意义而不能忍受生活，那么他就逃避到疾病中去，疾病就像一个有形的保护者一样将他包裹起来。因为，在这些界限境遇①中（这些境遇如同纯粹的生命体验，从内部把人压垮），他要么需要自由的个体自我，要么需要某种客观的支撑点。

畏惧或焦虑增强到了这样的程度，以至其罹受者感到自己无非是在虚空中迷失方向的一个点，因为一切人的关系看来都只具有暂时的效力。把个人联结到一个共同体中去的工作只持续短暂的时间。在性的关系中，责任的问题甚至未被提出来。焦虑的罹受者不相信任何人，他不会同任何他人结成绝对的纽带。在别人正在从事的事情中未能占据一席之地的人被丢在一旁。可能成为牺牲品的危险唤起一种已被彻底遗弃的感觉，这种感觉迫使罹受者从他的无足轻重的苟且偷

---

① 这里的"界限"当指作者所谓的普遍生活秩序之界限。——译者

生之中走出来而进入玩世不恭的冷酷无情之中，从而再进入焦虑之中。总而言之，生活显得满是畏惧。

焦虑干扰了各种机构的作用，这些机构是生活秩序的一部分，目的是要使人们平静下来、忘却焦虑。这类组织的建立原是为了要唤起一种同志意识。医生们为病人或相信自己有病的人作检查，用交谈来消除他们对死亡的恐惧。但是，这些机构只能在个人诸事顺利之时起有效的作用。生活秩序并不能排除作为每个个人命运之一部分的畏惧。这种焦虑仅能由更高的畏惧来控制，这更高的畏惧是被受到了个体自我之丧失的威胁的实存所感觉到的，它引起一种高过一切的宗教的或哲学的升拔。当实存瘫痪时，对生活的畏惧不可避免地要增长。生活秩序之无所不在的统治会摧毁作为实存的人，却从来也不能使人免除对生活的畏惧。事实上，正是生活秩序之趋于绝对的趋向引起了一种不可控制的生活畏惧。

工作中的乐趣问题

自我的追求和主动的意愿以其最低的分量而存在于工作的乐趣中，没有这种乐趣，个人最终就是瘫痪的。因此，对于工作中乐趣的维持，就是技术世界中的根本问题之一。这个问题的急迫性偶尔地、暂时地为人所认识，但旋即被排挤到一边去。从长久看，对于这个社会的所有成员来说，这个问题在根本上是无法解决的。

只要人被降格到仅只必须完成指定任务的地位上，做一个人与做一个工作者之间的分裂问题就在个人的命运中发生决定性的作用。一个人自己的生活获得一种新的优势地位，工作中的乐趣就相应增加。这架机器力图把这种生活加诸越来越多的人。

然而，为了保证所有人的生活资料，就始终必须有这样一些职业，在这些职业中，工作不可能单纯根据指示来指定和完成，其实际成绩也不可能依客观标准来恰当地衡量。医生、教师、牧师等的工作不可能被合理化，因为我们在此面对的是实存性的生活。技术世界的孤立，连同专业化能力与产量方面的增长，作为其最初的和同时发生的结果，导致这些服务于人类个体的职业在人们实际从事的行业中呈衰退趋势。诚然，群众秩序必然要求物质资料的配置合理化。但是，在我现在正在谈到的这些职业中，关键的问题在于，这种合理化的过程究竟能贯彻至何种程度以及在何种程度上能做到自我限制以便给个人发挥自己的创造性而不是盲目服从指示留下空间。在这里，工作中的乐趣来自人的实存与从事工作的人所无条件地献身于其中的活动之间的和谐，因为他们所做的事是作为一个整体而被完成的。一旦普遍的秩序所起的作用是将这个整体肢解成诸种局部功能，而这些功能的执行者可以无差别地替换，那么，在工作中的这种乐趣就被毁掉了。当这种情形发生时，关于整体的理想便消退了。以往曾经要求将整体的存在寄托于连续的构成性成就之上的活动，现在则被贬低为一种仅仅是副业的活动。今天，那些力图真正实现某种职业理想的人所作的努力仍然是零星的、无力的。看来，这个衰落的趋势没有停顿，也不可避免。

我们来看一看在医疗行业中所发生的变化，以作为例子。在很大程度上，今天的病人是按照合理化的原则而被成批处理的。他们被送往医院接受专门化的治疗，被分成类别，属于这个或那个专门的部门。但如此一来，病人就失去了他的医生。这里有一个假定，即医疗如同其他一切东西一样是某种被制造成的产品。对某一医生的个人信任被设法取代为对某一机构的信任。但是医生和病人都不愿意让自己被放置在这个组织起来的"传送机"上。的确，在意外事故发生时，直接救助的服务得以进行，可是，病人在其连续的一生中从医生那里得到的关乎生命的关键帮助却因为"传送机"的方式而成为不可能的。医疗行业的巨大"企业"正在出现，其组成形式是医院机构、官僚体系和系统化的医疗设备。对大多数病人运用新的、更新的、最新的治疗技术的倾向，符合群众的组织意志，这些群众都是在现代技术的学校中受过训练的；这一倾向也符合这样一些人的意志：他们（主要是在政治情绪的压力下）主张能够对所有的人普施医术。"企业"已取代了个人化的关怀。可以想见，倘若沿循此路而到达其逻辑结果，那么，下述医师很可能从此消失：

这些医师具有全面的技能与修养，他们不仅在口头上声言他们的个人责任，而且真正承担起这样的责任，他们因此只能治疗有限数量的病人——因为，只有在有限的数量上，一个医师才能建立起与病人的个人纽带。沿人文主义的路线从事某项职业的乐趣被代之以由技术成就所带来的工作乐趣。在后者的领域中，个体自我与工作者之间的分裂已经形成。这样的分裂在其他活动领域中也是不可避免的，它规定了所能达到的成就。把医疗活动融入生活秩序的过程面临无法否认的限制。成就的公共组织化，一旦被误用，即要瘫痪。最大限度地利用公共服务的优势，既误导了病人，也误导了医生。为了享受病人所得到的福利而挤入病人行列的人越来越多；医生则开始以闪电般的速度来治疗最大数量的病人——只有这样他才能谋生，因为享受健康保险的病人只为他们所得到的服务偿付低微的费用。因此，人们就设法通过进一步的立法和控制措施来结束这种对制度的滥用。其结果却是更进一步地限制了只能由真正的医生去做的工作的范围。然而，更为要紧的是，那些真正有病的人越来越无法相信他们有可能得到医生在当下一段时间里全力以赴地提供的全面、科学、准确的诊治。当不再存在真正的医师时，人就丧失了他作为一个病人的权利，因为，这架原是要让医师供群众支配的机器，由于它的作用，已使真正的医师不可能存在。

对其他职业的研究将以同样的方式表明，在多大的普遍程度上，这些职业的本质受到了现代发展的危害。从根本上说，这种对工作中的职业乐趣的摧毁，其根源即是生活秩序的界限，这种界限不能生成任何东西，却能轻易地毁掉对它本身来说不可缺少的东西。于是，就有深刻的不满在被夺去了可能性的个人身上发生，在医生和病人身上发生，在教师和学生身上发生，如此等等。他们无论怎样勤奋工作或过度工作，仍无法获得真正成功的感觉。我们愈益发现这样的情形：那只能作为个人的首创性的成果而存在的事物正转变为集体的事业，以图通过集体手段去达到某种朦胧设想的目标，并显然相信群众可以得到满足，仿佛群众构成了最高类型的人格。属于职业的种种理想隐退了。从事职业的人投身于特殊的目标、计划和组织。只要公共机构呈现完善的技术秩序，而在其中工作的人不能自由呼吸，那么，由此造成的荒芜便达于顶点。

体育运动

自我保存的冲动，作为生命力的一种形式，在体育运动中为自己找到了发挥场所；作为直接生命需要的一种遗迹，在训练中、在能力的全面性以及运动的灵巧性中得到满足。通过受意志控制的肉体活动，力量和勇气得到了保存，而且，追求同自然的接触的个人更接近了宇宙的基本力量。

体育运动作为一种群众现象，是按照人人必须服从的方式组织起来的，就像依照规则进行的游戏一样，它为有可能危及生活机器的冲动提供了发泄的出路。体育运动占据了群众的闲暇从而使他们保持平静。正是生命力的意志——以在新鲜的空气和阳光中运动的形式——才导致这种对生命的集体享受。它并不同自然发生思想关系，并不把自然当做一个有待揭开的谜；它也终止了导致种种后果的孤独。攻击性本能的发挥，或者，在体育运动中优胜欲望的实践，要求最高的技艺，因为每一个竞争者都想要建立他对别人的优势。对于那些被这种冲动所刺激的人们来说，全部重要的事情在于创造纪录。名声与喝彩声是基本必需的。遵循游戏规则的必要性则导致对礼节的服从。由于这种服从，在现实的生存斗争中，那些有利于社会交往的规则也同样地被遵守。

个人所进行的冒险行动表明何者为群众所不能达到的，以及何者是群众视为英雄行为并且认为如果可能他们自己也愿意去做的事情。登山者、游泳家、飞行员以及拳击手都是英雄行为的楷模，他们拿自己的生命做赌注。这些人也是牺牲者，他们拿自己的成就供群众观赏，群众因此被激动、被震惊、被满足，并且始终怀着一个隐秘的想望，即他们自己或许也能去做非凡之举。

但是，提高体育运动的乐趣的另一个因素，也许是在目睹同观看者自己命运无关的人经历危险与毁灭时所具有的快乐，这种快乐在古罗马时代无疑是吸引群众观看角斗士竞技的原因。群众的残忍也以类似的方式表现在对侦探小说的喜爱上，表现在对罪犯受审报道的热烈兴趣上，表现在对于荒谬、原始以及隐晦的偏爱上。在清晰的理性思想中，一切都是已知的，或肯定是可知的；命运不再主导一切而只有机遇留存着；（尽管有各种活动）生活的总体已令人无法忍受地乏味，而且被绝对地剥除了神秘性——这样，那些不再相信自己有某种命运的人们便在他们自身与黑暗之间建立了联系，在他们身上活跃起一种人的冲动，即禁不住要去期望种种离奇古怪的可能性。生活的机器则设法使这种冲动得到满足。

尽管如此，现代人在体育运动中的种种活动并不能完全通过认识上述群众本能可以从运动中得到的一切而被充分地理解。体育运动是一种被组织起来的事业，被迫进入劳动机器的人在这个事业中所要寻求的只是与他直接的自我保存冲动相应的东西。但是，在体育运动中，我们仍发现和感觉到有某种毕竟是伟大的东西弥漫于这个事业之上。体育运动不仅是游戏，不仅是纪录的创造，它同样也是一种升华，也是一种精神上的恢复。今天，体育运动成为对每一个人提出的要求。即使极端精致的生活也必得在自然冲动的压力下进入体育运动。事实上，有人拿当代人的体育运动同古代的体育运动相比较。不过，在那些时代里，体育运动可以说是非凡的人对其神的来源的一种间接分享，而在今天已不再有这种观念。然而，即使是当代人，也希望以这种或那种方式来表现他们自身，体育成为一种哲学。当代人起而反抗被束缚、被禁锢、被限制的状况，他们在体育运动中寻求解放，虽然体育运动并无超越的内涵。尽管这样，体育运动仍然包含前述升华的要素作为对僵化的现状的抗议，这种要素虽然不是共有的目标，却是无意识的愿望。在生活的机器无情地把人逐一消灭的时代里，人的身体正在要求自己的权利。因此，现代体育运动散发出一种光辉，这使它在某些方面同古代世界的体育运动相似，尽管各有不同的历史根源。当代人在从事体育运动时确实并未成为一个古希腊人，但同时他也并非只是一个运动狂。在他从事运动的时候我们看到的是一个人：他身上紧裹着救生衣，处于连续不断的危险中，好像在从事一场真正的战争；这个人没有被那几乎无法忍受的命运所压垮，而是为了自己而奋力搏击，挺直身体投出他的长枪。

但是，即使体育运动给合理化的生活秩序设下了界限，仅仅通过体育，人还是不能赢得自由。仅仅通过保持身体的健康，仅仅通过在生命勇气上的升华，仅仅通过认真地"参加游戏"，他并不能够克服丧失他的自我的危险。

第四章

稳定不变的生活秩序的不可能性

　　如果生活可以被令人满意地安排好，那么，我们就必须假设存在着一种稳定不变的生活秩序的可能性。然而，很明显，这样的稳定状况是不可能的。生活在根本上是不完善的，并且如我们所知，是不能忍受的，它不断地力图以新的形式来重造生活秩序。

　　甚至技术的机器也不可能达到其最后的完成。我们可以想像我们的星球作为由人类群众所开动的一个巨大工厂的场所和资财而被耗用完毕。在被如此想像的星球上将不再存有纯粹的、直接的自然物。这架技术机器所由之建造的材料无疑是自然的赠与，不过，它被用于人类的目的，而且会被用完，不复有其独立的存在。这个世界惟一存留的物质都将是已经被人所塑造的东西。这个世界本身将会像一幅人工风景画，它将在空间和时间中完全由人造的机器所构成，这机器是惟一的产品，其每一个组成部分都通过不间断地起作用的交往工具而保持彼此的关联，人类则被有序地禁锢在这架机器中，通过联合劳动，继续不断地为自己谋取生活必需品。这样，一种稳定的状况就达成了。我们可以设想，世界上的所有物质和所有能量都被无保留地和连续不断地利用。人口则通过生育控制来调节。优生学和卫生学将设法保证让尽可能优良的人得到养育。各种疾病将被消灭。一种合目的的经济将会形成，在这种经济中，通过义务性的社会服务，所有人的需要都会得到满足。没有任何更进一步的决定有待作出。在世代更替的循环中一切都将没有变化。没有斗争，也没有危险的迹象，生活的享受以不变的配额分给所有的人：大家都只要付出极少的劳动就能享有大量的消遣娱乐。

然而，事实上，这样一种状况是不可能的。种种难以预测的自然力阻碍这种状况的形成，其破坏一切的后果可能变得十分强烈而导致技术的灾难。由某项技术失败所导致的特殊不幸也可能发生。也许，持续不断地以科学来战胜疾病的努力暂时会获得明显的全面成功，但是，它将使人丧失免疫力，而且丧失得如此干净，以致一场未被预见到的瘟疫会灭绝整个人类。人们过于轻易地相信这样一种想法，即人们会在一个无限长的时期里普遍地情愿实行生育控制。由于生殖意志——在我们人类成员当中某些人比另一些人具有更强的生殖意志——的作用，无限增长的人口所必得面临的斗争将重新发生。优生学将表明无法阻止弱者的存活，也无法阻止在现代文明状况中看来是难以避免的种族退化。这是因为我们没有客观的价值标准来指引我们从事优生学的选择，并且，考虑到人类由之起源的原始族性的多样性，关于这样一种标准的观念几乎成为不可思议的。

我们也无法设想会有任何使人满足的持久状况。技术的进步并不创造一个完善的世界，而是在每一阶段上都引起新的困难，并为一个不完善的世界带来新的任务。改进了的技术不仅造成了对其尚未完善的进一步不满，而且它还不得不在衰退的痛苦中继续其不完善性。不管技术可以暂时到达怎样的尖端，只要缺乏探索、发明、筹划和新创造的精神，它就不能继续生存。这些精神将迫使它越过先前到达的尖端。

通过对总体的研究，我们知道，人类永远不可能肯定地达到一种彻底合目的的生活秩序，因为生活秩序本身被内部的种种对立所撕裂。这种内部冲突的斗争的结果就是，生活秩序在漫长的岁月中始终以不可避免的不完善性不平静地向前运动。我们不仅发现——具体地说来——国家与国家、党派与党派、国家意向与经济利益、阶级与阶级、一种经济势力与另一种经济势力之间的斗争，而且发现那些造就我们生活的力量自身就充满了矛盾。自我利益是推动个人行动的原动力，它在某一时候造成那些增进普遍利益的生活条件，在另一时候则摧毁这些条件。秩序井然的机器严格地界定了被原子化的人的功能、义务和权利，所有的人都被视作完全可以互换的东西，这样它就压制了创造性，压制了个人的冒险，因为这些因素威胁了秩序。然而，这架机器既然缺乏创造性，它就无法调整自身以继续适应恒常变化着的环境状况。

组织化的结构除非被对峙着的力量所牵制，否则它就会毁灭那种它原要保护的东西，即作为人的人。一个蜜蜂的社会形成一种稳定的结构是可能的，这个社会能够恒久地再生产。但是，人的生活，无论对于个人还是对于一般共同体来说，都只可能是历史的命运，只可能是技术成就、经济事业和政治法令的难以预测的过程。

人只能在这样的情况下生活：他运用他的理性并且和他的同伴合作，不断努力安排对群众需求的技术满足。因此，他必须热情投身于对这个世界的管理，否则他自己就要随着这个世界的衰败而消亡。他努力超越具有合目的性秩序的世界的所有界限，无论这些界限在哪里表现出来，这样，他就是要把这个世界引入实存中去。在这件事情上，生活秩序的界限是他的敌人。可是，由于他并未融化到这个秩序中去，在这些界限上他自身也同样地亲自在场。如果他要完全地控制住生活秩序的敌人，那么他就要毫无希望地化合到他自己创造的那个世界中去。人只有逐渐意识到他自身处在这些界限的境况中，他的状况才真正是一种精神状况。在这些境况中，他是作为他自身而真实地活着，同时，生活并没有使自己最终完善，而是把不断重新产生的矛盾强加给他。

第五章

企图证明被当做绝对而表述的生活秩序
能够建立的种种尝试（现代诡辩）

各种经济力量、各种群众、机器以及机器化之存在的现实，已经通过研究活动而导致了一种声称具有普遍有效性的科学的诞生。的确，体现在这种科学里的现实是一种强大的现实。这种科学已经成为一种新的力量，并且发展成为精神的力量。但是，当它声称自己不仅仅是对有目的的行动的理性控制时，当它要求作为生活整体图景的绝对地位时，可以说，它已变成了一种教义或一种信仰，精神不得不要么接受它，要么拒绝它。虽然科学的研究（就上述领域内的兴趣而言）特别关注对各种经济力量的性质和数量的研究，但是，在我们关于精神状况的意识中，关键的因素在于如何回答下述问题：是否这些经济力量及其结果是人类惟一的、支配一切的实在？

关于某种涵盖一切的生活秩序具有绝对正确性的主张以下述形式的看法为根据。生活应被看做是对所有人的基本生命需要的有目的的满足。人的精神进入这个世界，是为了这个世界而要求对这个世界的权利。工作的快乐不能以任何形式来减弱，相反，它应该促进对需要的满足，应该有助于改善工作方法、技术和社会机器。个人的生活应该全部奉献于对整体的服务，由于这个整体，他同时达到了他自己的自我追求在可能范围内的部分满足。这样，就形成了自我保存的人类生活的封闭的循环圈。在这个循环圈里，生活必定永远周而复始——因为有一种乌托邦的想像以为，在一般生活中的乐趣将与在工作中的乐趣一致，而那工作则使所有人的生活成为可能。依照最大多数人的最大幸福的标准，生活的意义在于通过经济给尽可能多的人提供最充分的机会以满足他们多方面的需求。

然而，这种生活的现实化趋势是不能追究其逻辑终点的。而且，这种生活图景在现代意识中所居的支配地位也并不是绝对的。技术、机器以及群众生活远没有穷尽人的存在。的确，这个生活世界的巨大工具和形式，作为人自己制造出来的手段，反过来作用于人，但是它们并没有完全彻底地支配人的存在。它们影响了人，但人仍然同它们有区别。人不可能被归结为几个有限数量的原理。这些原理的提出，虽然很能说明某些联系，但是却更为清楚地表明有许多事物是全然相离于这些原理的。

因此，人们不自觉地把关于这种生活秩序（它被认为具有一种绝对的正确性）的科学与关于可能达到最终稳定和完善的世界组织的错误信念相联系，或者与对全部人生的绝对失望相联系。那些向往整体福利的照例满足，而且要使满足达到能够想像的高度的人，却默默地略去了那些不如人意但又不容否认的事实。所以，我们不要像一个钟摆那样思考生活：摇摆于对它的肯定与否定之间。我们应该不断地设法保持住我们自己对于生活秩序的界限的意识。当我们这样做的时候，那种关于生活秩序可以被绝对化的观念就不可能为我们所接受。我们的意识，一旦不为这种观念所累，一旦承认实在只是在其相对性上是可知的，就自由地转向另一种可能性。

但是，如果关于满足群众需求的生活秩序可以具有一种绝对的正确性的观念依然被保留着，那么，这就不可避免地要导致某种精神的态度（这是现代诡辩者们的态度），这种态度证明，同被如此绝对化的实在相比，心灵是深奥莫测的。

对群众的崇拜

那些想要确证某种绝对的人以为，在绝对中，理智清楚地认识了目标。但是，这些人无法回答这样的问题："真正的结局是什么？"虽然如此，他们仍然急切地想要找到一种论证，于是，普遍利益、整体、理性以及群众生活（作为人的真正的生活）等便被当做时髦的词语而交换着使用。不过，当这些词语被如此使用时，其意义便不断地变动着，所以它们既不能证明什么，也不能否定什么。

事实上，群众概念的多义性是极其明确的。这种多义性完全与确证某种绝对的努力相抵触。尽管如此，在今天，一提及群众，就会引起不可抑制的兴奋。此中的含意似乎是，群众概念——它虽然能被清楚定义——可以等同于人类历史的全部内容，可以等同于合目的性。"群众"这个词愚弄了我们，就是说，我们会被它误引到以数量的范畴来思考人类的方向上去：好像人类就是一个单一的无名整体。但是，群众在任何可能的定义上都不可能是那使人如其所是的本质的承荷者。每一个个人，因为他是一个可能的实存，都不仅仅是群众的单纯成员，都对自身拥有不能让渡的权利，都不能以丧失作为一个人所具有的独立实存的权利为代价而被融化到群众中去。诉诸群众概念，是一种诡辩的手段，为的是维护空洞虚夸的事业，躲避自我，逃脱责任，以及放弃趋向真正的人的存在的努力。

故弄玄虚的语言和反叛的语言

合理的生活秩序的界限，当不可能从内在的本质上来理解和证明这种生活的时候，就变得清晰可见了。为了继续坚持关于这种生活具有一种绝对的正确性的假设，它的支持者们便不得不使用一种故弄玄虚的语言。由于不可能达到一种合理的证明，人们就愈来愈多地在方法上运用这种神秘化。这种运用的标准是"社会的最大福利"，它被认为是可以计算的。这种运用的兴趣在于满足所有那些打算以平静而有秩序的方式来执行其功能的人的需求。它始终准备援引补偿性的例证来说明对生活中令人厌恶的事物的抵消。凡实际上必得用强制来达到的，就掩盖这种强制，把强制的责任归于某种无形的权威。这架机器能够冒险以一种任何个人都不敢使用的方式来运用暴力。在某种僵局中，科学则成为诉求的对象，科学随时准备作为专家而出现在法庭上，它因此而扮演着公众利益的婢女的角色，而公众利益则被认为是与生活秩序一致的。在极端的事例中，诉诸科学是完全不合理的。当一个专家既不认识事实，也不可能认识事实的时候，他就只能借助一些套话来使自己摆脱困境。这些套话冒充知识，以便证明由法律来解释的政治法令是正当的，证明刑法典中的某些段落是正当的（比如那些同堕胎、死刑等有关的段落），解释那些因事故而起的神经病症。这些证明和解释都是为了减轻这架生活机器作为雇主的罪责等等。这类套话是没有办法的办法，其实际陈述的内容无关紧要，它的价值标准在于一种维护秩序、掩盖任何会使秩序受到怀疑的事物的决心。

在另一方面，我们发现反叛的语言。正如故弄玄虚的和平息骚动的语言是属于群众秩序的那样，反叛的语言也一样属于群众秩序，只不过它采用了混淆问题的另一种方法。它不是深思熟虑地将注意力集中在整体上，而是试图将个人置于引人注目的位置。在强烈的光芒之下，个人彼此之间盲无所见。随之而来的便是一种混乱的状态，在这种状态中，革命者们诉诸各种各样隐秘的冲动，证明这些冲动的正当性，以便最后证明骚动和反叛的正当性。正像合理化证明的语言诉诸普遍福利因而成为表达秩序的工具一样，突出反叛的语言则成为表达毁灭的工具。

生活摇摇晃晃地迈着脚步，它并不真正理解它自己正在使用的语言。它没有确定的目的和意志，这一点在下述情况中变得十分清楚，即当疑难的问题并不涉及如何用技术来供应人类生活必需品时，这种问题却被错误地当做与技术供应有关的问题来表述。在这类情况中，那些自称有头脑、讲究实际的人，事实上完全陷于困惑之中。由于没有任何能使人信服的见解可以推进讨论，所以就求助于富于表现力的感情语言，以便用这种语言来达到对问题先行判断的特殊目的。从那些在生活中失去方向的人的口中，我们常常听到这样的词语："生活的神圣"、"死亡的威力"、"人民的最高权威"、"人民的意志就是上帝的意志"、"人民的事业"，等等。尽管以这种方式回避讨论，他们却仍然间接地暴露出他们正在谈论的事情原非任何一种生活秩序的组成部分；而且，由于他们已经脱离了他们自身的根基，所以他们并不能真正了解他们需要的是什么。这是一种在两极之间移动的诡辩，其中一极是自私的生活的机会主义灵活性，另一极是非理性的情感冲动。

有时候出现一种需要，即要求一大批人行动起来完成某种事情，但是却没有任何人知道必须做什么以及为什么要做，所以就没有人知道该把他的意志指向何处，这时，就导致了种种虚弱无力的奇怪现象。那些占据了领袖地位的人便诉诸团结，或诉诸责任，并要求思想的节制。他们指出：必须认真地考虑既存的事实，必须重实际而不是重理论；一切有可能引起激动不安的事情都必须避免，而同时也必须用一切可以运用的手段来抵御攻击；但主要的一点在于要让既定的领袖来引导事件，因为他们知道在特定的事件境况中什么才是最应该去做的。然而，就是这样的领袖，当他们发表勇敢的言辞时，内心深处也并不知道他们需要的是什么，他们仍然停留在原地，让事变自行其是，无所作为地旁观着，不敢作出任何决定。

不作决定

生活秩序格外地需要平静以保护自己，它的支持者们则诡辩地声称他们之害怕作出决定乃是促进普遍利益的最好方法。

在个人、团体、组织、党派中，无法满足的欲望被压抑着，因为人人都同意应该阻止相互间的侵犯。这就是为什么妥协如此经常地假充正义的缘故。但是，妥协要么是将各种不同的利益人为地黏合在一起以形成貌似合理的生活制度的统一，要么是仅仅达到各种观点的互相让步以避免作出决断。的确，在社会生活中，任何人如果想要让社会生活得以继续，那么在遭遇到某种对抗力量时都被迫谋求理解而不是斗争。因此，他在一定的范围内放弃个人私利的追求，以便使生活的延续长远地可能。他把他的个体自我（它是无条件的）同生活（它是相对的）区别开来，这样，他作为个体自我就拥有妥协的力量。不过，下面的问题必然发生，即什么是承认个体自我有决断能力的妥协与导致个体自我解体的妥协之间的界限？后一种妥协无非是极端铲除所有个体自我之间的合作。

在任何情况下，当一个人完全是他自己的时候，他就认识到存在着供选择的可能性，因此，他的行动就不会是一种妥协。他会要求在他已认识到的两种可能性之间努力作出一个决定。他知道他有可能遭受惨败；他也十分了解，为了生活的延续，要有一种纯朴的听天由命的态度；而且，他认识到，一种诚挚的失败恰好可以突现他的存在的现实性。但是，对于一个仅仅由追求私利的冲动所驱使的人来说，这种斗争带来的是他不能去冒的危险，所以在生活秩序中他作出部分让步，仅仅是为了在整体中保护他自己。仅当众多的人站在他那一边时，他才施用力量；他避免作出包含危险的决定。只要他现有的生活在可以容忍的条件下得以继续，他就会接受一切境遇，并且始终支持那些持温和观点的人以反对极端主义者。他摒弃任何在他看来是夸张自负的东西，要求灵活的适应性以及一种平和的气质。一个企业机构能够无摩擦地运作，始终是这些人的理想。他们很愿意让自己融入到合作的团体中去，好像他们真相信其中每个成员都为所有其他成员所补充并增强力量似的。居优先地位的不是个人而是普遍利益。但是，这种普遍利益（当它碰巧具有确定内容时）实际上同时就是特殊利益，而且作为"普遍的"利益仍是空话。共同行动的联盟压制竞争，但人们却用"普遍利益"的漂亮词语来美化这种压制。嫉妒被中和了，这是因为有种种人们相互容忍的占有的交换。人们还用每一种可能的综合来冲淡为真理而斗争的严肃性。正义成了非实体性的、不明确的，似乎每一个人都可以被排列在与所有其他人所在相同的层面上。努力地去作出一个决定，不再意味着要把握住命运，而仅仅意味着在强权的地位上发挥权势的作用。

但是，如果在这一点上发生了反叛，那么，由于对言论和行为的诡辩的歪曲，这种反叛同样不能导向决定，而只能导致对事物的灾难性的颠倒，倘若没有生活秩序来予以控制，其结果必定是一片混乱。

精神被用作手段

如果一切事物都取决于生活秩序能否获得绝对性，如果各种经济的力量和状况、各种可能的权力都致力于达到这个目标，那么，精神的活动也就同样指向这个目标，好像这是惟一要紧的事。精神不再信赖自身，不再从自身出发，而是成为达到目的的手段。如此，它便变得非常灵活，成了诡辩的单纯工具，可以服务于任何主人。它为任何一种事态寻找理由，只要这事态是现存的或为既有的权力机构所希望的。不过，精神始终明白，只要它是按照这类方式起作用的，它的作用就不会得到认真的看待。当它用虚构的信念来求得情感效果的时候，就表明了它的这一隐秘的自身认识。但是，生活的真实权力机构的意识并非仅仅要求这种虚伪，它同样也不允许掩饰所有生活的基本依恃，因此，在关于必然性的认识中的确出现了一种新的坦率态度。可是，尽管如此，这种对于清醒的现实感的要求很快就变成了颠倒一切尚未完全明显的事物的诡辩工具，而人的真正的意志却因此而被摧毁。如果生活继续被看做为群众提供普遍的生活必需品的秩序或系统，那么，精神在其令人难以置信的多样性中所具有的这种虚伪，就会因其对于人的可能性的歪曲而成为不可避免的。

第六章

当代生活秩序的危机状况

那成就人的世界达几千年之久的事物看来正面临着近在眼前的崩溃。而已经出现的新世界则是提供生活必需品的机器，它迫使一切事物、一切人都为它服务。它消灭任何它不能容纳的东西。人看来就要被它消化掉，成为达到某一目的的纯粹手段，成为没有目的或意义的东西。但是，在这架机器中，人不可能达到满足。它并不为人提供使人具有价值和尊严的东西。那在过去的贫穷与困苦之中曾经作为人的存在之不被争议的背景而持续存在的东西，现在正处于消失的过程中。虽然人正在扩展自己的生活，但是他似乎也在牺牲那个他在其中实现自己的个体自我的存在。

因此，人们非常普遍地相信：各种事物的安排出了毛病，真正重要的事陷于混乱中。每一种事物都成为可疑的，每一种事物的实质都受到威胁。过去人们常常说我们正生活在一个过渡的时代，但是，现在每一家报纸都在谈论世界危机。

那些探寻更深刻的原因的人发现了国家的危机状况，他们认为，当政治管理的方法不能形成走向整体的果断意志时，当赞同的情绪游移不定时，所有的基础都开始瓦解。另一些人则谈到了文明的危机，这危机来自我们的精神生活的解体。最后，更有人宣布了这种危机对人类整个存在的影响。一种要求绝对地位的群众秩序，它的界限正如此明显地暴露出来，以致这个世界摇晃起来。

危机体现为信心的缺乏。如果说人们现在仍然依靠着法律的强制，仍然服从着权力，仍然恪守着严格的常规，那只是出于物质利益的考虑，而非源于任何真正的信心。当所有一切都归结为生活利益的目的性时，关于整体之实质内容的意识便消失了。

事实上，在今天，没有任何事业、任何公职、任何职业被看做是值得信任的，除非在每一具体的场合都揭示令人满意的信任基础。每一个不乏见闻的人都对他自己熟悉的领域中的欺骗、犯规、不可靠的现象司空见惯。只有在非常狭小的圈子内尚存有信任，这信任绝未扩至整体。危机是普遍的、包涵一切的。它具有多方面的原因，所以不可能通过头痛医头、脚痛医脚的方法来克服，而必须作为我们在世界范围内的命运来理解、来忍受、来控制。

从技术的和经济学的观点来看，人类必须解决的所有问题，就其范围而言，似乎都已成为全球性的问题。这一点不仅仅在于在我们星球的表面已经产生了各种经济条件的普遍交织（这种交织是对生活作技术控制的基础），因而这个世界在今天只能作为一个单元而运作；而且在于，越来越多的人开始把这种情况看做是必要的统一，即统一到一个范围明确的领域中，只有在这个领域的基础上，在如此统一起来的各种条件下，他们的历史才得以展开。这次世界大战就是第一次使得整个人类实际上都卷入其中的战争。

与我们星球的统一一起，开始了一个齐一化的过程，人们以恐怖的心情注视着这个过程。那种在今天对我们人类已具有普遍性的事物，始终是最肤浅、最琐碎、最无关于人的可能性的东西。然而，人们仍然努力地要产生出这种齐一化，仿佛通过这种方法，人类的统一就能够实现。在热带的种植园里以及在地球北端的渔村，都在放映来自大都市的电影。人们的穿着彼此相似。日常交往的习俗通行于世界。同样的舞蹈、同样的思维方式以及同样的通行语言（它是一种来自启蒙运动、来自英国实证主义以及来自神学传统的混合语言），正在走向全世界。在世界性的会议上，那些与会者们则推进了这种齐一化，他们不是设法促进异质存在之间的交流，而是希望在一个共同的哲学和宗教的基础上实现统一。不同的人种之间彼此通婚。历史形成的各种文明与文化开始同自己的根源相脱离，它们都融合到技术-经济的世界中，融合到一种空洞的理智主义中。

当然，这个过程还只是刚刚开始，不过，每一个人，不单是成人，还有儿童，都受到了它的影响。对一个扩展着的世界的最初陶醉，就要为一种受制感所取代。当我们听说人们会惊恐地躲避一艘越过西伯利亚的齐伯林飞艇时，我们确实感到惊讶。那些持久地居留在出生地不走的人，看来已经陷于停滞不前的境地。

我们时代的最显著的特征之一，是实体的丧失持续不停、无法挽回。在一个世纪的时间里，几代人的风貌不断地降低水准。在每一种行业里，尽管始终有新的进取者出现，但是人们埋怨缺乏有力的个人。在各个领域，我们都看到一大群凡庸之辈，在他们当中点缀着一些特别有才干的人，这些人是生活机器的官员，他们照看着这架机器，从中找到自己的事业。过去所具有的几乎所有的展现的可能性都被滞留了，结果便是差不多无法清理的混乱。其结局就是，外在的炫示代替了真实的存在，多重性代替了统一性，喋喋不休的喧嚷代替了真正的知识的传播，经验代替了实存——一句话，是永无止境的重复仿效。

这种衰落有着精神或心灵上的原因。权威过去曾是通过互相信任而达到的互相联结的形式，它规范着不确定的因素，它使个人同存在的意识相联系。在 19 世纪中，这一形式最终被批判的火焰所销熔。其结果，在一方面，是现代生活呈现玩世不恭的特征。人们以轻蔑的态度看待种种粗鄙和琐屑的现象，这类现象无处不有，无论在重大事情中，还是在细小的事情中。另一方面，对义务的恪守以及自我牺牲的忠诚都已经消失。我们用无所不施的仁慈（它已不再有人性的内容），用苍白无力的理想主义来为最可怜、最偶然的事情辩护。既然科学已使我们头脑清醒，我们就认识到这个世界已成为无神的世界，而任何无条件的自由律已退出舞台。剩下的只是秩序、参与和不干扰。我们意志的运用不可能重建任何真正的权威，因为这样去做的努力只会导致建立一种强权的统治。只有从新的起点开始，才会形成真正有力量的事物。批判无疑是向更好的事物演变的先决条件，但是批判本身并不具有创造力。从前，批判曾经是再生的力量，但是现在这种力量已经消散、衰亡，走向自身的反面，导向由为所欲为而引起的不稳定。批判的意义不再可能是按照正确的准则作出判断和指导，这原是它的真正任务，即评价事实和指出真正实存的事物。但是它现在不可能这样做，除非有一种真正的内容以及一个自我创造的世界的可能性使它重新获得活力。

面对这样一个问题："今天仍然实存着的是什么？"我们的回答是："一种关于危险与失落的意识，亦即一种对根本危机的意识。"在当前，实存是一种纯粹的可能性，而不是某种已获得的和已被保证的东西。一切的客观性都已变得模棱两可：真理，无可挽回地丧失了；实体，成为令人困惑的谜；现实，则是一种虚饰的伪装。凡是想要探索这种危机的根源的人，必须阅历真理的失地，以收复这块失地；必须穿越困惑的重重迷雾，以达到关于他自身的决定；必须剥除掩盖真相的种种虚饰，以揭示真正隐藏着的东西。

一个新的世界不可能通过合理的生活秩序本身的作用而从这种危机当中产生出来。所必需的是如下的情形，即人所达到的境界要超出他在生活秩序中所完成的，他要通过表现那指向整体的意志的国家来达到这种境界，对于这种国家来说，生活秩序已无非是手段而已；同样，他也要通过精神的创造来达到这种境界，因为经由精神的创造，他开始意识到他自己的存在。沿着这两条道路，他能够在自由的自我创造的崇高之中重新意识人的实存的根源和目标，而对这一点的认识，在生活秩序中已经丧失。倘若他设想，他在这种国家中已经发现他的最本质的需要，那么，经验会告诉他，这种国家就其自在自为的存在而言并不能达到他的期望，而仅仅是提供了实现种种可能性的空间。倘若他相信精神，把它作为一种自在自为的存在，那么，他会发现这种自在自为的精神在其现存的每一种客观化了的形态中都是可疑的。他必得返回最初的开端，即返回到人的实存，而国家和精神均由人的实存而获得生命和现实性。

如此，他就使那能够联结一切的惟一纽带成为相对的。这个纽带即是合目的的思想、合理的思想、运用到世界的客观秩序上去的思想。但是，使社会得以形成的真理，是一种暂时的、历史的信念，它永远不可能是所有人的信念。当然，理性的见识所具有的真理对所有的人都是相同的，但是，人自身所是的真理、使人的信念清澈明晰的真理，却在人与人之间各不相同。在原始交流的无休止的斗争中，相异突现，分歧产生。由于这一原因，在当代精神状况中开始意识自身的人，拒斥任何从外部作为权威而强加给他的信仰或信念。尚能作为整体的统一性来理解的，就是这种国家的历史方面、精神作为一种生命同其根源的联系，以及人在其暂时特定的和不可取代的本质中的存在。

第二篇
整体中的意志

生活秩序的必然性在人那里发现自己的界限：人拒绝被完全同化为一种功能。并且，也绝不可能有惟一的、完善的和最终确定的生活秩序。人不愿意仅仅活着，他要决定选择什么和捍卫什么。如果不是这样，他就是把生活当做单纯的生存来接受，他听从一切代他作出的决定。

事实上，人的不容侵害的权力在于，他作为个人，以自己的存在为着眼点、出自内心地作出决定。但是，在一个世界中存在的现实，只有通过整体的权力手段才是可能的。在这个整体中，人们在安排他们在世界中的状况与自我保存方面能够达到一种意志的统一。这种权力的意志决定了人在现实上之所是，决定了整体生活的历史内容。这种权力任何时候都在政治上实现于国家中；而作为历史性的人的实存的传统，它是教育。

就自觉的意志总是一个重要因素而言，我们的未来完全取决于政治的和教育的活动。尽管对于事物的进程有一种无能为力之感，但从事政治活动的人们仍然强化了去影响事物的意志——这意志的强化即是存在于这些人身上的个体自我的勇气。尽管对于影响人的行为有一种无能为力之感，但在教育者身上仍有一种力量驱使他作出最大努力去推动人利用已传授给他的最深刻内容而达到最高的可能性。

然而整体永远不是无条件的整体。人在努力探求这个世界中的最高权威时,无论前进到哪一步,在决定一切的根源这一点上,总遇到某种既超越国家也超越教育的东西。

第一章

国　家

一旦人们自觉地认识到整体的现实是终极决定之所在，国家意志或国家意识即在于牢牢掌握国家工具以便不时地作出决定。国家意志或国家意识即是人要决定自身命运的意志。这个意志对人说来从来不是纯粹作为个人意志而存在的，而仅仅是在一个由世代接续所形成的共同体中存在的。但是，国家意志必须在大量彼此竞争的国家中表达自己。同时，它又受制于种种内在的张力，这些张力来自要赋予国家以确定的历史形式的努力。

对于国家意志来说，生活秩序并不单单是所有人的理性计划的对象，因为它成了通过攫取其权力而作出专断决定的对象。国家意志确实包含利用经济的生活秩序促进普遍福利的观念，但是，它的目标超过这个观念，指向人自身。

由于国家不可能通过合目的的自愿行动来达到人自身，所以它不得不满足于在理想的层面上提出必要的可能性。国家必须在不可解决的种种张力中寻找自己的道路。它在这个世界中的独特地位（作为一种世界-历史状况）迫使它增强自己的权力而牺牲它内在人性的发展。反过来，人的实存则压抑它，以限制其权力的增长，不然的话，它的基本目的——人的最高可能的发展——就会受到阻碍。虽然这一张力可能暂时在政治家和军人身上消逝，可能因为某一特别人物的独居高位而终止，这一人物通过独居高位而成为他的国家的权威，但是，从长远看，仍然没有任何手段可以避免这一张力的持存。这一张力的一端是由临时状况所造成的必需，另一端是基本的目标，即促进人类的更高发展。因此，国家意志可能力图抓获暂时的徒有其表的成功。不过，它也可能为精神的理想所吸引，超越当下的现实以支持想像的未来，这样它便不知不觉地丧失自己的生命。

国家的具体内容是为人自由实现其多种多样的职业理想提供机会。这些理想在人始终是机器中的单纯功能的情况下不可能实现。国家赖以工作的实体是由人组成的，这些人通过教育已获得参与到自己的历史传统中去的力量。国家具有两个方面，一方面，它维护群众秩序，因为这个秩序只有凭借国家才能继续存在；另一方面，它同时能够提供对群众秩序的防御。

国家意识

随着一种国家意识的产生，人开始认识那个权威暴力，它在我们的时代持续不断地决定着种种事物的存在与运动。国家要求有权垄断暴力的合法使用（马克斯·韦伯）。

于是，就有两个结果。首先，在组织日常生活方面排除了暴力的使用，从此，这方面的事情能够依照规则与法律和平地进行。其次，暴力仅仅在另一个领域中强化：在这个领域里，人们已非常清楚，离开了暴力（不管是实际的还是潜在的），人的生活就不能持续。暴力的运用，以前是分散的，现在则被集中起来。过去，单个的人不得不随时准备亲自用武器保卫和扩展自己的生活。而现在，他已成为由国家引导的暴力之合法运用的工具。虽然人口中仅有很小一部分人以警察为业，但是在战争的情况下，每一个适于拿起武器的男子都成为国家武装力量中的一员。因此，国家体现这样的力量：它或者隐含沉默的暴力威胁，或者实际使用暴力解决问题。随着情况的变化，暴力的使用可以被强化到最大限度，亦可被减弱至最小程度。

对于个人来说，精神的状况即是要求他使自己适应权力的现实，因为他只是由于这种权力的存在才生存的。而且，在某种意义上，这个权力也是他自己的权力。国家如果只是暴力的盲目运用，就不成其为国家。它之成为国家，只是由于种种精神行为的成功作用，这些精神行为由于自己的自由而知道自己是同现存的现实相联系的。国家可能堕落而为无秩序的原始暴力，也可能高扬而为以人性为目标去获取权力的意志之理想。因此，一方面，国家可能在原始而无精神内容的暴力领域中迷失方向，因而求助于诡辩，而我则像看待自然一样看待它（它可能而且将要消灭我，但是由于我对它无能为力，它实际上与我无关）；另一方面，如果一种现实的模糊要求在精神上自觉的意志中清晰起来，那么，它也可能是有历史联系的实质性权力。今天，国家的精神实在似乎正在衰亡，但尚未完全消失。

当国家被认为体现了由上帝授予的意志的权威时，广大民众便服从少数统治者，将上层颁布的一切政令当做天命接受。但是，当人们像今天这样普遍意识到国家活动本身并非是人们必须服从的神的意志的表现时，下述国家观便占了支配地位：国家是人的意志的表现，是每个个人都参与其中的一种普遍意志的表现。在群众秩序中，人生活于两极之间，其中一极是提供生活必需品的和平的机器，另一极是不时被实际感受到的种种权力；人想要认识这些权力的方向和内容，以便能够对之施加影响。

人不能再把权力的现状视为以往著名的恐怖统治的遗迹，设想这些遗迹可以被一劳永逸地消灭掉，以此掩盖权力现状。对于那些诚实地正视事实的人来说，每一种秩序都只是通过权力才存在的，因为权力侵入与其相异的意志的疆域。对于战胜这种异己力量来说，国家权力是否应视为必需的东西？或者，是否国家权力本身因其要求垄断对暴力的使用而也应视为邪恶的？我们在此涉及的是社会生活的隐秘的基础——在这些基础上，（如果权力本身是恶的话）一切活动都只是同非理性和反人性相妥协。也许，在这些隐秘的基础之上，确定的意志造就着历史可能性的连续性。或者，也可能是种种不确定的活动追求着分散的、暂时的利益满足，使用暴力仅仅是为了促进这些利益。我们的社会存在经由这种权力的塑造而在时间中持存。

国家就其本身而言，既非合法，也非不合法。它是不能从任何别的事物中推论出来的。它是已被授予权力，并以权力自居的意志之自我建立的生命。其结果是出现为国家而进行的持久的斗争，以及国家之间的斗争。国家永远不是地球上全体人类的惟一政权，而始终是列国并置的。它们时而结成联盟，时而冲突。的确，始终存在着为建立一种法律秩序而作的努力，但是，每一种现存的法律秩序都在某些方面以某种方式建立在暴力基础之上，以斗争和战争来维持。这些斗争和战争决定了法律秩序将以怎样的依赖形式以及根据怎样的原则而存在。没有最后的平静。状况在变化。暴力或减弱或增强，暴力的集中造成权力。所有作为结果而发生的，都不是一个世界国家的建立，而是人类由于认识了自己的历史状况而普遍进入一种不安的状态之中。

无论是崇拜国家还是贬低国家都是无意义的。诉诸情感的滔滔雄辩并没有使彼此竞争的党派意识到生活的决定因素，相反地，却使它们看不见真相，看不见现实。人们或者在内心深处相信生活的历史转变是我们的命运，或者盲目地安于一个幻想中的人类博爱世界或一个令人失望的世界——不管是哪种情况，人与人的主要差别始终沉没在生活的快乐和痛苦之中，直到未曾预料到的毁灭表明他们枉然的自欺欺人时为止。

最初曾使国家成为讨论和求知兴趣的对象的那种神秘性已经消失，当代精神状况使每个人都能进入人类社会生活的这一领域。人类活动的世界在国家现实领域中所具有的恐怖，将以其充分的残酷性而对每个人显示出来。但是，凡未被这种景象的恐怖吓瘫的人，凡未忘记也未躲避现实的人，将努力去获得在这一人类活动与人类自我决定的现实领域中的认识。如果他达到了这一点，他将清楚地知道什么是他真正需要的。这种需要不是一般的、普遍的需要，而是历史的需要，也是要同那些对他显现为真正的人的伙伴们联合起来的需要。

能够在政治层面上进行思考，这表明在人类的尺度上达到了一个相当高的水准。因此我们难以期望人人都已达到这样的水准。存在着两种对立的可能性，亦即两条对立的道路，沿着这两条道路，人可能放弃其政治的可能性。

人可以决定避免参与事件的进程。当然，他对于他从自己生活的机遇中可能获得的利益仍将保持兴趣，但是，那个整体对他来说无非是他人之事，关注那些事情是他人的兴趣、他人的职业。的确，我们在成长的过程中始终抗议现存秩序中所使用的暴力的后果。我们发现种种非正义或无意义的事。但是，我现在正谈到的那些回避责任的人，把这一点视为与己无关的事，视为无需他们问津的事。如果他们始终如此，他们就无抱怨之声。他们对事件进程漠然处之，不让自己有所动情。由于他们无论对于一般可能性还是对于当代状况均无指导思想，所以他们就老老实实地承认事实，避免作出批判，就像避免行动一样。他们的这种"非政治"态度，即是那种不想知道自己意愿的人的放弃态度，因为那种人除了要在超越尘世的个体自我中实现自己以外别无意愿。他们似乎在时空之外生存。他以消极忍受的态度接受人的历史命运，因为他们的信念是灵魂的拯救。但这种拯救并无历史价值。这种人缺乏这样的责任感，即他首先自己就在这个世界中，就他未曾尽其所能去决定将发生的事而言，他应认为自己对于任何罪恶的发生都负有罪责。

　　另一种放弃真正的政治生活的方式，是服从于一种盲目的政治意愿。这样做的人是对自己的生活不满意的人。他抱怨周围环境，认为是环境而不是他自己造成了他的生活中的事件。他的动力时而来自仇恨，时而来自热情，而更主要地是来自权力意志的本能。虽然他并不知道——如果他想要认识的话——可能认识的是什么，以及他真正的意愿是什么，但是他却谈论、选择、行动，就如他已有所认识一般。他从一鳞半爪的知识直接过渡到没有节制的狂热。这类大肆渲染的假想的参与，是某种所谓的政治知识和政治意愿的最普遍的表现。具有这种性格的人跌跌撞撞地行走于时代的舞台。他们能够制造麻烦，能够挑起事端，却完全不能发现真实的道路。

今天，应该由那些不想躲避责任的人在国家生活中起作用。当然，国家权力并不具有因为被超验地证明了自己活动的合理性而获得的权威，也不能被当做合目的地满足所有人类需要的一个合理的中心来看待或加以巩固。凡是有意识地尽最大努力去奠立国家基础以使所有人的生活有所依凭的人，尽管知道国家缺乏上述权威，却是具有真正的国家意识的人。凡在内心深处认识到自己有责任在这一领域中尽其所能的人，是正视人的实存问题的人。在这方面他所达到的境界超越了另一些人的幻想——他们幻想一种可由世界之合适的组织而达到的和谐生活。他开始认识到他没有权利去设想能够有关于国家本性的确定知识，也无法了解这个以合法形式出现的庞然大物。人的活动和人的意志无形地交织在一起，在这种交织中，个人就其处在自己的状况中而言，被交付给这样一个历史过程：它在政治权力的运用中显示自身，但不可能作为一个整体而被审视。在人类事务的这一领域，盲目的意志、强烈的愤慨、按捺不住的占有欲都是毫无意义的。能起作用的仅仅是耐心、远见、克制而坚定地为慎重干预所作的准备、全面的知识，以及对下列事实的意识，即在强制性的当下现实之外，可能性的无限王国始终是敞开着的。除此以外的任何做法都只是混乱、毁灭以及无意义的任性活动。但是，个人因其软弱无力而难以理解和实现自己行动的自由——这种行动自由的理由在今天被看做是纯粹世俗性质的理由；个人也难以由一种简单的尘世的责任感所推动去做那些在以往被托付给国家的神圣权威的事情。沿循有限的路径去探寻一条目标未明的道路，这样的努力必定遭遇失败。然而，那个目标乃是这样一个所在：它与种种供应生活必需品的合理化方法毫无共同之处，它只会透露给那种在任何情况下都能专注于超越存的人。

因此便容易理解为什么几乎我们所有的人都放弃了这种努力。布尔什维主义以及法西斯主义的出现代表了不费气力的可能性——让我们再次学会不提问题的服从，让我们满足于方便的套话，与此同时，将行动交给某个已攫取政治权力而无所不能的个人！这类形式的专政成为真正的权威的替代品。它们的实现是以我们所有的人几乎都放弃我们之成为我们自己的那样一种权利为代价的。在当代世界状况中，那些尚未选取上述回避努力之可能性的国家把这类可能性作为在其他国度中的现实而加以关注；而在自己的内部生活中，这类可能性又是群众方面的要求，构成了对自己的威胁。

然而，在现实与可能面前所发生的困惑，正是个体自我的起点。个人生活与同时发生的世界进程同步振荡，并不停息地廓清着它之关于可能性的认识——到了时机成熟时便联合地形成状况。

在这一过程中，将持续存在着两个方面之间的张力，一方是供应生活必需品的群众秩序，另一方是以权力作基础的决定。或者，换句话说，就是社会与国家之间的张力。

人通过工作而造成生活秩序对于社会的意义——这工作是指建立他自己在社会中的生活的那种工作。所有合理的计划都是为了改善生活秩序及其功能，都是为了避免紊乱，都是为了公正、法律与和平。国家的社会意义就是推进这样的活动。

但是，存在着无法避免的界限：群众的品质；社会性的和生物性的选择之无法偿代的残酷性；对绝大多数人的生活范围所强加的不公正限制；种族、个性以及才能之间的差异；在联合群体中的不同的人口增长率。因此，国家不应只被当成维护事物之法律秩序的工具，而是也应被看成在难免的暴力使用之性质与方向问题上进行斗争的一个焦点。在所有的时代，人都曾经必须忍受痛苦和身负重荷。今天，人充分地意识到自己正在做的事，他会非常乐于通过整体可能有的最佳组织来使自己摆脱这些痛苦和重负。由于这一点始终没有实现，所以，对于命运的政治意识就远远超过了国家之社会意义。

因此，对于时代有着普遍意义的国家与社会之精神状况，仅仅存在于抽象的层面上。在现实中，精神状况总是在一个有历史特殊性的国家中的状况，其关注的方向从本国转向其他国家。的确，人类个体的无拘束能够达到这样的程度，以致可以改变国籍或成为无国籍的人，作为一个被接纳的客人而生活在某地或任何地方。但是，个人的历史意志只有通过认同他自己的特定国家才能实际地起作用。没有人能够改变其国籍而不因此付出代价。如果他是被迫如此的，那么，即使他并不必然丧失成为他自己的可能性或丧失他的命运意识，他却仍将丧失通过参与整体而有的发展权力——他是曾经由于这一整体而成长于他自己的真实世界中的。

战争与和平

由于国家权力并不形成独一无二的实体，而是在任何时候都会遭遇许多同时代的国家个体，并且由于国家内部在任何时候都隐含在现行组织的可能性之外的其他可能性，所以，一旦它的统一性受到损害，它就表现为暴力的实际使用。战争与革命是加在人类生活基本必需品的供应之上的界限，但这种供应，作为其结果，则又被置于新的有效性及法律的基础之上。虽然人们尽一切可能避免战争和革命，但它们仍是隐匿着的可能事变，是威胁着一切生命的未解决的问题。如果人们不顾一切代价地奉行和平的原则，那么，当有人设法使他们陷入不斗争就被消灭、被奴役的状况中时，他们就会茫然无措、跌入深渊。即使不采取极端的和平主义，但尽一切努力以避免战争，严酷的现实仍将要求我们随时准备应付战争的可能性，并且要求我们永远不要忘记"不惜一切代价"的真正含意。

战争是暴力最具体的展开形式之一，因此，在战争中，通过根据预先考虑好的政治决心而进行的肉体冲突，命运得到了表达。战争意味着为信念而情愿牺牲生命，这信念就是对于一个人自身存在之绝对价值的信念，即坚定地认为死亡胜于被奴役。战斗者愈是充分地认识到何者处于危险之中，这样的热情就愈是实际地可能。但是，战争意志愈是远离实际情况，高度的冲动就愈会蜕变而为虚幻的浪漫主义。

今天的战争似乎已经历了一种意义的转变：它不是一场宗教的战争，而是一种利益的战争；不是彼此冲突的文化或文明之间的战争，而是民族区域之间的战争；不是人与人的战争，而是机器之间以及所有机器与不战斗的人口之间的技术战。战争中，似乎不再是人的高贵在为自己的前途而战。今天，战争并不导致任何伟大的历史决定，不像希腊人对于波斯人的胜利（这一胜利，直至我们的时代，仍是西方人格存在的基础），也不像罗马人对于迦太基人的胜利（这胜利捍卫了西方人格）。如果一场战争的结果不改变任何事物而仅仅造成毁灭，并仅仅导致一部分同被征服者无显著区别的人获得在未来的优先利益，那么，这是因为缺乏唤起信念的实存的有效力量——这实存的命运本该是由这场战争来决定的。由于拿一个人的生命去冒险这件事本身并不具有内在的价值，所以，在最后的决战中，参与生死搏斗的士兵们彼此形成了一种不同寻常的团结。每个人都必须面对其敌人，并且必须忍受牺牲，这是一个坚持战斗的共同体。无法预测的、极为强大有力的种种偶然性构成持续的危险。而在这些危险中要保持坚忍不屈就要求不断证明智力与意志的存在。这种情势中的男子气概造就一种罕见的、史无前例的英雄主义。但是，这种男子气概拒绝对造成一种每个人都被迫返回战争的情形负责任。因此，人们呼吁："再也不要战争！"

可是，前景暗淡。看来并不能保证欧洲各国会终止彼此的战争。和平的可能性——许多人正在为之努力——也许会成为现实，因为在进攻性武器方面的技术进步使一场欧洲战争呈示灾难性的前景。如果这些国家再次战斗，甚至得胜的侵略者也将毁灭。但是，一场新的战争的可能性始终没有消失，它将比以往任何一场战争都更为可怕，它可能是当代欧洲人的末日。即便设想战争的种种原因将被消除（这些原因可以通过条约而在经济上受到控制和制约），但仍很难说，在人的心中就没有一种制造战争的隐晦、盲目的意志和一种寻求变化的冲动。这种冲动希望摆脱日常生活的常规、摆脱人人熟识的状况的稳定性。它类似于一种死亡意志，即一种毁灭和自我牺牲的意志，一种建立一个新世界的朦胧的热情。甚至还可能存在一种为战而战的浪漫的骑士热情。或者，可能有一种通过显示忍受的决心而寻求发泄的自我肯定冲动：它不愿意被动地预见死亡，而宁愿在几乎不能找到其意义的生活终结之际自由地选择死亡。这种热情可能暂时隐伏，但是在对战争现实的记忆愈益淡薄之时，就不时地活跃起来。如果人心中潜存着某些无法克服的恶的成分，那么，真正的领导者的任务就不仅仅是进行一场反对战争的和平主义运动，而且要制止引起战争的危险因素，以便有漫长的和平时期为发展提供空间和时间上的可能性。他不应该不惜代价地夺取和平，而应该继续不断地对付战争恶魔，即使在战争因一系列环境条件而不可避免时也应如此。他应该自觉地努力去完成具有历史性决定之内在价值的战争。他应该设法保证真正的命运能够通过战争而呈现，尽管战争本身仅仅出于恶、出于盲目的偶然性。

我们不能不承认：首先，并没有最终确立和平的直接可能性，或甚至也没有发生一场将有历史内在价值的战争的直接可能性；其次，即使有这种可能性，人也仍将被置于生活秩序与暴力之间的张力之中。战争恐惧的恶性循环使各国为自卫而武装起来，而被扩充的军备又最终导致原要防止的战争。这一恶性循环可能以两种可设想的方式之一来打破。其一，可能形成一个独一无二的世界政权，这一政权由所有现今拥有武器的国家联合而成，具有禁止未武装的小国发动战争的能力。其二，可能出现一种对于我们来说仍然神秘莫测的命运的作用，它将在毁灭之中揭示一条通往新的人类之形成的道路。以主观意志促成这条道路之揭示，是盲目而无效的。但是，那些不想自我欺骗的人们将为这一可能性做好准备。

关于适应战争要求的体格问题仍需要考虑。即使我们假定和平将在某一段不确定的时期里得到保证，但从长远的观点看，凡是没有对肉体搏斗作好内心准备的人，仍将失败。强加于德国之上的，也就是一支职业军队连同普遍兵役制的废除，如果得到普遍化，即意味着对和平可能有的最大威胁，也意味着对具有内在历史价值的战争可能性的最大威胁。因为这种做法包含着群众对战争的放弃。其不良后果在于，有朝一日这些群众会受到少数职业军人的奴役。战争的可能性并不会由于人口的绝大多数不再接受军事训练这一事实而得以避免。即使对于战争的军事上的热情已成为虚假的，当代精神状况仍是这样的状况：（由于对不可避免的事物持坚定的严肃态度）它要求鼓励和实现适于战争的体格及拿起武器的意愿——没有这样的体格和意愿，一切其他利益都将丧失。一个人如果面对战争的叫嚣，面对急于逃避现实的本能冲动的骚乱，而仍然能够保持清醒的见解和沉着的勇气，能够发现那条实现健全体魄以及拿起武器之意愿的道路，别人就会跟着他前进，而他就会成为人之实体的创造者，这实体将支撑未来。在任何情况下，这种勇气都不是单纯军事上的勇气。后者充其量只是这种更为深刻的勇气中的一个可以依恃的要素。具备这种勇气的人愿意参与到对于整体的认识中去，并且能够从由这种认识所澄明的责任感出发去行动。至于这种勇气的暴力基础则是一种可能性，而非必然性。

这样的状况看来使人们甚至在和平时期也不得不在支持或反对战争的精神斗争中主动地选择立场。但是，由于对人类命运的整体无法把握，所作的选择就不可能是无可争辩的，除非通过某一最高权威的权力（如果这一权威被承认的话）保证了所有人的和平。实际的困难是，在这两种立场上都存在着迷惑。那旨在唤起战争意志的军事炫耀掩盖了居民在毒气战中的状况，也掩盖了饥馑，掩盖了在战争时期参战者与非参战者同归于尽的情形。而另一方面，和平主义者的论据则掩盖了遭受奴役或在不抵抗的原则下生活所意味的一切。军国主义者与和平主义者双方都掩盖了一切最终在战争中释放自身的暴力所具有的隐匿的后果，即下列一些深层的恶：人们开始认为自己的生命毫无疑问地比他人的生命更为重要，而且是世上惟一真实的东西；人们无法做到把自己置于别人的地位而不背叛自己的自我；渴求安全的恐惧致使人们只能以拥有胜过所有他人的暴力的方式找到安全；强烈的权力欲以及自欺欺人的态度导致生活成为没有希望的混乱，这源于对错误观点的盲目执着以及受到未经批判的热情的支配——直到除了诉诸暴力似乎别无出路时为止。严格说来，我们的人性并不是现实的，而是仅仅在某些条件下才存在的。当这些条件暂缺时，动物式自私的野蛮就表现为了维持自己的生命而不惜一切牺牲他人的代价。这种情形在极端的自我暴露的时刻就发生在人与人之间。在这样的时刻，它同样也发生于国与国之间。

在未来的日子里，个人对实际战争的适应性可能会降至近乎消失的程度，因为，在国与国之间的相互关系中，存在着一种力量，它无需运用统治的形式，也无需触目惊心地显示武力就能实行统治。表面上独立自主的各国其实是彼此依赖的。今天是否还能像过去那样获得并实行世界统治是很成问题的。看上去理所当然的事情可能成为与历史无关的事情。不过，在这些或那些地方仍将继续有这样的时刻：整体将至少具有成功地使用暴力的可能性。

在这种状况中，一个已开始认识整体的人，在战争中要么以某种有历史意义的态度来参与（这就是说，为了造成一种真正的人的实存），要么就根本不在政治上进行战斗。那些仅仅导致毁灭或者毫无历史意义的外部动乱，始终不值得他去关注。无条件的生命冒险只在真正的人的实存岌岌可危之时才是可能的，也就是说，仅当为了一种真正的历史命运时才是可能的。如果事情仅仅关系到国家地区和经济团体的利益，这种无条件的冒险就是不可能的。

然而，现实还提出了另外一些问题。在某一状况中的现存观点之上，整体是什么？这始终难以理解。今天，我们几乎不可能像席勒和黑格尔那样相信普遍历史是一种世界性的立法。实现于失败中与实现于成功中同样能够是真实的。没有人能够知道在超越的层面上哪一种情况具有优先的地位。

政治活动的方法与影响范围

在直接使用暴力之前，政治活动的方法在于训育意志，以使群众团结起来。但是，在群众机器中，每一种显著的意志都有一种独特的不可理解性。由于领袖与群众之间的张力，每当其中一方准备采取实际行动时，双方都有一种力图使对方失去力量的倾向。

我们时代的政治历史的基本问题在于人类群众是否能够民主化，即是否通常的人性足以使每个人都能作为一个公民而接受他的一份责任，并且和所有他人一样地意识自己正在做的事？而且，在决定根本的政治问题时，他是否愿意承担起他的一份责任，把这看做是他的日常生活的一部分？毋庸置疑，在当前，绝大多数选民的投票并非出于建立在健全认识的基础上的信念，相反，他们受到了无法论证的谬见和虚伪的许诺的影响。选举的结果在很大程度上依赖于非常多的选民弃权这一事实。实际进行统治的是左右摇摆的少数人，是一些官僚，或者是一些由机遇推到突出地位上去的个人。群众只能通过投票的多数来作出某种决定。取得统治权的惟一道路看来就是在选举中为赢得多数而斗争，其手段是宣传、暗示、欺骗和提倡私人利益。

一个真正的领袖，因其生活所具有的连续性、因其形成可靠决定的能力而能够指引方向。但是，这样的人仅在十分有利的情况下才有机会实行领导。最要紧的是这样一些问题：这位领袖在群众中提什么口号？哪些本能被激发起来？为怎样的能力提供了舞台？哪些类型的个性被排斥了？凡其政治意志有特定倾向的人，必须使群众也有与他相同的意志。这些群众也许是少数人。但是，今天难以遇到这样的领袖：他们享有群众的信赖，以致能自主地行动。我们时代的领袖往往得不到信任，所以只能在受控制、受限制的情况下行动，或者充任变化无常的群众意志的代表。当群众意志改变时，他们就不再成为领袖。如果他们的真实性格在一段时间里未被人们认识，那么，他们无非是能够蛊惑群众的煽动家。如果他们是某一少数派的领袖，与该派别有共同利益，他们就会设法夺取军权以制服该派别以外的所有其他人而不管这些人的意愿如何。

当领袖属于上述类型而群众秩序被赋予绝对性时，以及当群众秩序受技术与经济支配时，国家就受制于那种与国家的基本概念背道而驰，乃至消灭这个概念的趋势。因此，在某些情况下，国家就其精神生活而言，是一个混乱不堪的机构，变成群众的合理生活秩序同那个缺少它世界便不能存在的权力之间的单纯联合。于是，由于国家意识的衰落，国家权力的现实状况就是，在暴力的使用上呈现偶然决定和盲目更改的形式。在另一些情况下，作为对国家意识衰落的反动，国家意志则变成一种以专政形式而对统一、权威与服从的重建。而这种重建的结果（国家意识强化到狂热的程度）将是人类自由的丧失，除了野蛮残忍的暴力以外，将没有任何其他东西继续存在。上述两种转变的任何一种，其结果都是使领导体现为这样的暴力：它由于不是一种达到了真实人性水平的存在而缺乏合理性。

这样，所有人的政治命运看来都将是命运之阙如。因为，只有当个体自我掌握住生活、以自己的活动抓住生活、实现自身、具备勇气的时候，命运方才存在。今天，政治活动的影响范围看来无非是一个将要历史性地决定人之性质的舞台。但是，这样的精神状况向每一个可能的个体自我提出了要求，即要在认识实际发生之事的基础上去认识人之可能的作为是什么。

此外，具体活动的影响范围已不再像以前欧洲各国争战时期那样有着直接的明了性。这是一个无限复杂的世界，个人在经过许多年的阅历和研究之后才能部分地理解其中的某一片断。这一世界中的阵营模糊，战斗者并未完全认清战斗的阵线。因此，在这样的世界里，如果缺乏足够的知识，行动就只能是笨拙而无效的。只有充分认清那不断变化着的、在行动的驱迫下更新着自身的状况，才能使行动合目的和有效果。

最后，当不再有人能够在一段持久的时期内持续行动时，甚至那种从暂时的多数派的意志那里获取权力的最强有力的政治家，也会在多数派消失之时丧失权力。他必然地要从他的行动赢得选民支持的效果出发规定自己的行动方向。他是负责任的，但不是对他的上帝，而是对无形的群众负责任。他不得不认真对付其他处于类似地位上的强有力的人。因此，政治活动的影响范围就表现于这些行动的方法中，但其界线是模糊的。凡尔赛和会体现了这个世界的一般状况。由于前所未有的通讯、交通和新闻传播的手段，除了德国以外，整个世界都出席了这次大会。公众舆论的种种力量造成了混乱的摩擦，在这些摩擦中，机遇补充了谈判者们的技巧，而对于无休止的会议的厌倦则导致了对于远非某些领导人物所期望的结果的接受。这些结果之所以被接受，是因为不这样做，就会有谈判完全破裂的危险。威尔逊总统曾经希望创造一个新的世界秩序，但遭到确定无疑的失败，因为他不善于进行幕后操纵，力图不妥协地坚持抽象的原则，结果造成了人们称为"理想主义大杂烩"的情形。

第二章

教　育

教育的意义

　　人不仅是生物遗传的产物，更主要的是传统的作品。教育是在每一个体身上重演的过程。个人在其中成长的实际的历史世界所发生的作用，连同双亲和学校对他施加的有目的的教育，以及社会生活的各种风俗习惯的影响，最后，还有他所有的见闻与经历给予他的影响——这一切都使他获得了所谓的他的文化。他以他自己的存在的活动使这个文化完善，而这个文化对于他，可以说，是他的第二天性。

　　文化通过个人自己的存在而使个人进入对整体的认识。个人并非待在一个特定的地方不动，相反，他走出这个地方而进入世界。所以，他的生活虽然被抛入狭隘的环境中，却仍然通过与所有人的生活发生联系而获得活力。一个人自身的现实与世界连成一体，他在何种程度上能够成为他自己，这与该世界的清晰与丰富程度成正比。

　　如果整体的实质无可争议地呈示出来，那么，与稳定的形式相连的教育就具有一种不证自明的价值。它意味着前后相续的每一代人都诚挚地融合到整体的精神中去，而后者则是经验、工作和行动由之发生的文化，教育者的个人成就几乎不被意识到。他服务于一项事业而无需进行实验，他在人类的形成之河中游泳，这条河流一般说来是有规则的和连续的。

但是，倘若整体的实质变得成问题了，而且还处于解体的状态之中，那么，教育也就变得无保障并遭瓦解了。它不再使孩子们去领略包括一切的整体的崇高，而是有着模糊不清、五花八门的结果。焦虑不安遍及世界。感觉到自己正滑入无底深渊的人们认为，一切都取决于从未来一代人中间能产生什么。他们知道教育将决定未来的人的实存，而教育的衰落将意味着人类的衰落。但是，教育衰落之日，正是历史传递的实质已在那些到达成年而应承担责任的人类个体当中瓦解之时。对于这一实质的焦虑，即是对于它之面临绝对丧失之危险的意识。在这样的情境中，某些人会回顾既往，把他们自己不再视为绝对的东西当做绝对教给孩子。另一些人则会拒斥这一历史传统，把教育当做完全与时代无关的事业来进行，好像教育的内容仅仅是专门技艺的训练和实际知识的获得，以及给予孩子足以使他对当代世界取一种见解的信息。人人都知道，塑造孩子即是塑造未来。

我们的时代在教育问题上的不安以下列情形为征兆：教

师们在缺乏任何统一的教育思想的情况下强化着自身的努力；论教育的新书层出不穷；教学技巧持续地扩充。今天，单个的教师比以往任何时候都更是一个自我牺牲的人，但是，由于缺乏一个整体的支撑，他实际上仍是软弱无力的。而且，我们的状况所独具的特征似乎是，具有实质内容的教育正在瓦解而变成无休止的教学法实验，这个教育的解体所形成的是种种无关宏旨的可能性。人们为自身努力争得的自由正在消散而成空洞无效的自由。一种尝试迅速地为另一种尝试所取代。教育的内容、目标和方法不时地被改变。这是一个对自身没有信心的时代，它焦虑地关注着教育，仿佛在这个领域中有可能再次从虚无中创造出某种事物来。

　　青年人扮演怎样的角色，是具有特征意义的。当教育由于出自整体的精神而具有实质内容时，青年就是未成熟的。他们表现在尊崇、服从和信任，并不凭借年轻而自以为是。因为青春仅仅是准备性的，仅仅是走向某种未来的可能的使命。但是，当种种事物处于瓦解状态时，青春就获得了一种自身的价值。我们实际上求助于青年，希望他们为我们提供已从这个世界中失去的东西。人们认为青春有权将自身视作一种创造的源泉。我们的孩子已被允许在学校的规章制度方面拥有发言权。年轻人似乎正在要求有为他们自己创造他们的老师不再拥有的东西的权利。正如正在成长的一代人将要担负早年的国债一样，他们也将承担起由于我们对精神财富的浪费所造成的后果，他们将不得不为自己去重新获得这些财富。青春被赋予一种虚构的优越性，但却达不到其目标，因为，如果人是在连续几十年时间内成长的，并且是由一系列他不得不沿循的足迹而严格地引入正轨的，那么，人就不可能成为神。

在接受了质量低劣、随机凑合的教育之后，成年人并未成功地走出一条进入一个世界的自己的路，而是被遗弃一旁，并开始意识到这一事实。于是，作为当代的一个病症，产生了对成人教育的要求。过去，对于成年人来说，只存在把知识扩展到更广阔的范围中去的问题，这惟一的问题在于推广的可能性。今天，紧迫的问题却是，是否有可能不去推广旧的文化，而以当代生活为源头，在由普通的教育者、工人、雇员和农民组成的社会中建立一种新的文化。几乎失去了一切希望的人，不仅仅是通过理解现实来调整自己，而是再一次属于这样一个共同体：它将超越职业与党派而把人们作为其自身团结在一起。人们将再一次成为一个民族。不管我们对于在这一意义上的成人教育的可行性抱有怎样的怀疑，我们都必须认识到，这一被提出来的任务具有真正的重要性。如果我们一切旧有的理想都将在时代的现实面前被击得粉碎，那么，克服当前状况的尝试也许注定要失败。但是，单单努力本身就已显示了人的尊严的存留。如果不再存在个人从中获得毋庸置疑的归依感的民族、人民（或者如果这个民族或人民仅仅支离破碎地存留着）；如果在不可抗拒的解体过程中，一切事物都融化到群众中去，那么，对于形成一个新民族的向往就仅仅是乌托邦式的浪漫主义。尽管如此，这一向往仍是合理的。但是，在实现向往之前，仅仅存在朋友间的同志关系，即这样一个明显的现实：少数人想要同另一些本具别种思维方式的人相接触。因此，当前所理解的成人教育运动并非现实，而是一种症候，一种处于教育崩溃时代的文化解体过程中的人类的绝望症候。

国家与教育

国家因其权力而成为群众秩序的现存形式的保证者。

群众并不真正懂得他们想要的是什么。群众要求只涉及平常的事情，这类事情可以用最质朴的语言来表达。当群众的要求决定了教育的性质时，其结果便是这一类的内容。人们想要学习的东西是将在生活中实际可用的东西。他们想要同生活保持紧密的联系，并且（在这一意义上）通过"生活"而理解一切使生活变得方便和舒适的东西，包括大城市中的交通工具。他们想要培养个性，但以此表示的含义，在一方面，乃是实用（他们误称其为"效率"），在另一方面，乃是无拘无束，即指自由发挥一切爱好的权利，以及像一切具有类似思维方式的人一样去行动的乐趣（他们把这称为"自然而然"）。他们对于理想目标所具有的严格性颇有反感，因为这些目标所要求的不是效用，而是存在之等级。他们想要的是能够在一起和平共处的个人，而拒绝承认有能负起根本性责任的人的可能性。

国家是使对所有人的持久教育得以进行的框架，因此它关心青年的教育。因为，正是通过教育，才产生出那些在一定的时候必须出来维持国家的人。

今天，对于国家，似乎正存在着两种非常不同的可能性。

一方面，国家可能对教育不加干预，让群众的要求自行其是，而当它与这些要求发生冲突时，则可能尝试建立一个属于它自己的贵族式的教育体系。在这类不干预的情况下，国家对教育的支配将没有任何统一性和稳定性，它的手段只是个人政策，其结果是教育界的主要职位在几大政党之间分配。课程设置与教学实验的增多被容忍到了使整个教育彻底分裂的程度，而受到的限制仅仅在于考虑到不能让那些从长远看得不到一个强有力的政治集团支持的东西被确立起来。在某一地方可能会有一个学校因其校长的人格而发展兴旺起来——如果他被允许自由选择其教师的话。然而，总的说来，结果将是这样的：教师队伍是东拼西凑而成的，彼此之间不能理解，而且受制于机械、呆板的教学课程；至于学校本身，则没有占主导地位的真正的共同体精神，有的只是对这种或那种空洞说教的服从，这些说教或者是民族主义的说教，或者是哲学的或社会的说教。交互的干扰使连续性成为不可能。一切事情都杂乱无章，朝令暮改，没能给孩子们真挚、伟大、高尚的教育，这些教育能以永远不会被遗忘的方式影响其个性。向青年人提出的是记取事实材料的巨大要求，结果是使不成熟的头脑高度紧张，而同时却并未对他们的真正存在发生任何影响。直率而明确的客观性不见了。这种建立在信念基础上的客观性原是能够有力地抵御由个人的能力差异所造成的主观性的。在发展个性方面所作的努力超出了需要的程度，但教师却仍未达到他努力要达到的目标，即人格的塑成。被弄得无所适从的孩子，实际上发现的是一种传统的支离破碎的内容，而不是一个他可以充满信心地步入其中的世界。

如果另一种方法被采用，那就是国家掌握对教育的支配权，平静而强有力地按照自己的目标塑造人格。这样，我们就以牺牲精神自由为代价而获得一种统一的教育。基本的观点和见解以宗教教条所具有的固定性来加以灌输，知识和技能则被当做感受和评价的方式来传授给学习者。布尔什维克和法西斯主义者在教育领域中各自所做的事情，以及我们所听说的自由在美国的衰落，在许多细节方面各不相同—— 但都有一个共同点，即按照标准化的模式塑造人。

群众既意识到这种由国家暴力所强加的统一性，也意识到一种漫无目标的多样化。但是，如果教育想要再一次达到它在以往最好的岁月中曾经达到的状况，即达到通过历史的连续性而培养出拥有充分的个体自我的人的可能性，那么，这种情况只能通过一种信仰而发生，这一信仰在学习和实践的一切必要的严格性中间接地传达出一种精神的价值。

在这件事情上开不出任何简单的处方。在这里，国家的权力并不能创造出任何东西，它所能做的只是保护或摧毁。惟有精神状况，才在我们思考未来，从而开始认识到整体时，强有力地提出其要求。仅在下列区别否定了群众的价值判断时，教育才会恢复到它真正的水平上。这个区别就是教学与修养之间的区别，以及人人都懂得的东西与通过贤者内心存在的修炼才能达到的东西之间的区别。

第三章
整体的不可理解性

如果整体被认为是一种世界范围的现实，那么，关于全体人类有一个普遍状况的思想，或者，关于人类的特定的群众具有普遍利益的思想就是正确的。在不同的思想规范中，这个普遍利益表现出完全相异的形式。它可以是这样一种乌托邦的理想，即在永久和平的条件下有一个为群众提供基本生活必需品的完善体系。它可以是关于国家自身存在的形而上学——其他一切事物都必须为国家服务。它可以是这样一种意识框架：在这个框架中，人们普遍同意关于有一种将会改变世界的运动的思想，而这个运动就是目前正在实际影响世界的各种力量的作用过程，因此，人们并不试图预言未来（这个运动的种种趋势仅仅在一个不可测知的未来中才展示出来）。它也可以是这样的意识框架，即由国家和社会机器方面实行自我限制，以利于不可侵犯的人权，以及为个人在其多方面发展中的可能的个体自我留出空间。它还可以是一个作为民族的人民的历史生活。

这些形式在精神的层面上彼此冲突，并且是以前隐匿着的种种动机被激活起来的原因。但是，每一个这样的形式，就其宣称自己作为一种抽象的普遍性而有效而言，都是错误的。其实，我们始终发现，政治的活动是作为在一个不可理解的整体中的具体历史状况的产物而发生的。每一个人、每一个集团、每一个国家都在某个特定的地方存在着，而不是同时存在于每一个地方。一切所发生的事物，都只有它自己的特定的可能性，而不是一般人类的可能性。政治的活动是由整体所意愿和决定的现实。它处于一种终极依赖的条件中，而这个条件，不管是作为现实的总和，还是作为超越者，对它来说，始终是不可理解的。

但是，政治行动的意志从模糊朦胧到实际生效的转变之所以特别困难，是由于这样的事实，即在国家内部以及在不同国家之间的关系中，战斗的阵线在今天特别模糊。

例如，为政治行动所关心的作为集合体的人民的存在，在今天却成问题了。世界各地的民族主义运动比以往任何时候都更为褊狭而不宽容，可是，在这些运动中，"民族"仅仅是和一个标准类型相联系的某一共同语言的存在。当民族被迫进入这种不自由的自我意识中去的时候，它就不再能够在该词的真正含义上同人民或民众相一致。因此，许多人把民族视作一个虚假的利益阵线而加以否定，这些人与这个利益阵线毫不相关，他们的目的是要紧紧抓住被认为在所有的人民中都存在着的同类群众之间的非历史的联系。

不管是民族化了的人民，还是必须为其提供生活基本必需品的、含义不明的群众之人民，都压抑了那原本同人民的隐秘基础相联系的个体自我。任何头脑清楚的人都不再可能在这条战线上参与活动。凡是真诚地希望参与到人的命运中去的人，不得不在一个更为深刻的层次上进行努力。一个人自身的存在在世代相续所造成的精神传统中所具有的历史连续性，并不是作为一项简单的事实而存在，它只有作为个体自我的力量才是现实的，才被自由地拥有和运用。现代人正处于一种严酷的状况中，因为他不再可能通过下列形式来信赖自己的人民：这种形式应该是由这一人民在现时代的客观性所赋予的，并且是这一人民表现自己要求的形式。因此，他不得不向更深的层面探寻，也许能够从中发掘出他的存在的实质的历史连续性——或者，也可能坠入无底的深渊。

人们无法迫使命运符合于某种理想。命运最初是在具体的历史状况中呈现的。历史地给予的东西是一种实体，但是，自法国大革命的年代以来，人们倾向于认为自己能够完全摆脱掉它。这就如同一个人故意要锯掉他正蹲在其上的树枝一样。我们想像我们自己已经能够通过有目的地处理生活来把握住我们的整个生活。但是，有下述两种危险随即产生：第一种危险是，当试图恰当地组织整个生活时，我们却破坏了生活的根基；第二种危险是，我们把自己牢固地置入前所未有的强制性关系中，我们认识到这些关系的存在，却发现自己不得不忍受它们。试图摆脱我们的历史的每一次努力，结果都失败了，这是因为（幸好我们具有精神的稳定性）历史在某种新的形式中再次肯定了自己的权利。从一种具体的状况出发从事政治设计的任务，就是要在普遍的历史中理解当下时刻。政治学如果被当做某一特定国家追求私利的谋划，那么，它就意味着所有其他国家都因场合的改变而或被看做可能的盟友或视为可能的敌人——敌与友是可以任意互换的。一个国家会同另一个与之最无共同之处的国家结成联盟而去反对那些在思想和历史上与它最接近的国家。比如，假使英国打算卷入同美国的战争，她就会毫不犹豫地同日本联合起来。英国和法国就曾把印度人和塞内加尔人的军队带到了莱茵河。德国也未必不会同俄国合作，如果这样做会给她重新获得自由带来好机会的话。

但是另一方面，即便在今天，也还有这样的一些人：他们的政治学以对整体的历史意识为基础，他们的眼光超越任何个别国家的利益而投向整个人类实存的未来利益，这些利益在西方与亚细亚的不同性质的对比中，以及在欧洲的自由与俄国的盲目狂热的对照中，被朦胧地预示出来。这些人没有忘记有一条深刻的人性和精神的纽带将德意志的性质与盎格鲁-撒克逊的及拉丁民族的性质联系在一起。他们对于不断发生的背信弃义的行为殊为反感。

要预见未来的战线将在何处形成是不可能的。或者，更确切地说，任何可能的设想这些战线的方式都是荒谬的，因为，在任何时候所显现出来的实际战线，永远不可能同为自己的未来而战斗的人类实存的精神价值相一致。

整体是互不相容的事物之间的一个张力。对于我们来说，它并不是一个客体，而是位于遥远而朦胧的地平线上；它是作为独立的实存者的人们的寓所，是这些实存之创生的可见形态，是感性中的超感性者的清晰化——但所有这一切都再次沉没到非实存的深渊中去了。

也许，只有在这个张力永远不被解决的前提下，人的自由才可能维系，人的存在的经验才可能无限扩展。各种专制的统治，以及为满足群众的基本需要而形成的可靠的机器，都将导致一种机械式的系统的建立，在这个系统中，人不再能够作为人而存在。一种统一的解决的可能形式，也许是由我们对于平静安宁之需要而生发的向往。但是，我们真正应该希望的——如果这是可能的——倒是这样的情况：我们正在以之作为一种解决方法而努力争取的东西永远实现不了。在政治的领域中便产生这样的悖论：我们正以最大的力量努力去完善的东西是不会被完善的。

教育领域中的事情同政治领域中的情况相同。教育依存于某种既超越它而又是它的源泉的东西，即依存于精神世界的生活。教育不可能从自身发源，它只能传达那直接地在人的行为中表现自身的生活。对于那种提供人类生活基本必需品的系统的现实，以及对于国家，教育已经自觉地采纳了一种见解；教育是通过利用在精神层面上被创造出来的东西而兴旺发达的。我们时代中的精神必须决定这种尚具可能性的教育的价值。

如果国家和教育都失去了这样的灵魂，如果在历史连续性的王国中缺乏起仲裁作用的意志（这个意志来自绝对），如果灵魂和意志两者都毫无希望地服从于那种在理性的计划和非理性的暴力运用之间的混乱交替，那么，这就表明，那个超越一切的整体的作用已经消失，或至少暂时中止了。但是，如果这个作用给人以一种关于理解和关于意义的意识，那么，它的存在就在暂时现存的世界秩序之既无完成之可能，又无终结之可能的情况中表现出来。

从国家和教育进跃到精神、人的实存和超越存在的整体上去，这并不是进跃到一个在世界中实际存在着的实在上去，而是进跃到在一个更高的层面上实存着的另一种实在上去；当然，这个实在在实际显现的范围内是完全不独立的——尽管如此，它仍在关键时刻决定了作为显现的实在的事物进程。

第三篇

精神的衰亡与可能性

我们已经看到，国家，作为一个活生生的现实是这样的一个界限：在这个界限上，某种超越生活本身的东西通过整体中的意志而决定生活。虽则国家由于其权力，对于生活中所发生的种种决定来说，是至高无上的权威，但它对于人自身来说，并不是至高无上的。国家在人那里并未得到平静。即使国家使自己同人一致，对于人来说，整体仍旧是无法确定的。因为，就人而言，国家始终只是那穿越时间的恒久运动中的一个中介体。因此，倘若国家退化为群众秩序的一个纯粹的仆人，失去同真实命运的一切联系，倘若它在这种依附状况中不忠诚地背弃了作为在劳动、职业工作以及精神创造活动中的实存的人的可能性，那么，人，作为个体自我，必须在他的内心存在中采取甚至是反对国家的立场。的确，经由国家权力而存在的生活秩序永远不可能被放弃或被牺牲掉，否则，一切都会走向毁灭。但是，关于如何再次达到对生活秩序的征服的根本问题会形成压力，致使一种根本反对国家的生活有可能产生。

由于人不可能完成使自己的生活实现为一个整体的过程，所以，他就高扬于生活之上而为自己建造了第二世界。这是一个精神的世界。在这个世界中，他以自身存在的一般形式确证自己。无疑，同样地作为一种精神存在，他也与他的生活的现实状况紧密相连，但是，在这种向上的翱翔之中，他超越了生活。在对单纯现实的暂时挣脱中，他得以回归到那种他通过精神的想像与创造而形成的存在中去。

如此发源的第二世界，是在第一世界中被发现和形成的。人通过达到一种关于他自身存在的认识而有能力把生活当做一种事实材料加以超越。他凭借他的文化而将这样一个精神过程引向完善，而现存的、提供人类生活必需品的机器则通过渗透于其中的观念的意义而被转换到这一精神过程中去。精神通过艺术、科学和哲学而创造了自己的语言。

精神的命运维系于依赖性生活与创造性之间的两极对立。在单纯的依赖性中和在想像的虚构中，它都会丧失自身。即使生活的现实已为一种理想所支持，这个理想仍可能消遁。而那种过去曾经是精神的东西也可能作为一种残余、一种附属物、一种单纯的刺激而继续存在。

在我们这个群众秩序的、技术的和经济的时代中，人们如果试图将这种不可避免的制度绝对化，那么，就会使个体自我面临这样的危险，即精神的根本基础可能被摧毁。正像国家作为人的联盟能够被摧垮一样，精神也同样能够被摧垮——如果它不再真实地从自身的源泉出发而起作用，而是由于服务于群众及其有限目的而受到歪曲的话。

第一章

教　化

　　教化是生活的一种形式，其支柱乃是精神之修养和思想的能力，其范围乃是一种成系统的认识。教化作为其实体内容而言，包含对已经存在的诸形式的思索，包含作为高度准确的洞见的认知，包含关于事物的知识以及运用语词方面的熟练。

教化与古典世界

　　对于西方人口中的广大群众来说，教化迄今为止都只是由于沿循人文主义道路才取得成功的。但是，对于个人来说，其他的道路也已被打开。凡在青年时代学过希腊文和拉丁文的人，凡曾读过古典诗人、哲学家和历史学家的作品的人，凡通晓数学、研究过《圣经》以及自己祖国的富有想像力的伟大作家的作品的人，都可能进入一个无限灵活而广阔的世界，这个世界将赋予他一种不可剥夺的内在价值，将授予他开启其他世界的钥匙。但是，这样的教育，在其实现之时，即是一种选择。并非每一个作出努力的人都能打开这个宝库。许多人失败了，除了一些肤浅、表面的东西之外，一无所获。决定性的因素不在于掌握语言、掌握数学或掌握一种现代文化的内容所需要的专门才能，而是要有一种接受精神影响的悟性。人文主义的教育是对个人施加有选择的影响的教育。因此，只有这种教育才具有产生良好后果的奇效，即便是在教师并不称职的情况下也是如此。一个阅读《安提戈涅》的人，如果在这种情况下抗议仅仅教给他语法和韵律而不教给他任何其他东西，仍然能够由于放在他面前的这个文本而受到深刻的影响。

如果我们想要知道这种人文主义的教化工作何以具有如此显著的益处，那么，只有沿循历史的线索才能找到答案，而这个答案与人文主义教育的任何合理的目的性无关。实际的事实是，古典世界为所有塑造西方人的因素提供了基础。在古希腊，关于教化的思想第一次被充分地实现和理解，并且其理解的方式从那时起就一直适应于每一个有理解力的人。在西方，个体自我的每一次伟大的提高都源于同古典世界的重新接触。当这个世界被遗忘的时候，野蛮状态总会复苏。正像一艘船，一旦割去其系泊的缆绳就会在风浪中无目标地飘荡一样，我们一旦失去同古代的联系，情形也是如此。我们的原初基础，尽管是可能发生变化的，但总是这个古典世界。这是因为我们自己的特定民族的历史，仅仅在一个从属的地位上起作用，它并无独立的教化力量。我们是西方世界的公民，我们所依凭的那个民族只是由于以一种特定的方式利用了古典文化才获得其肯定的价值的。然而，今天，对于群众来说，这个古典文化在最好的情况下也只是被容忍而已。真正对它有所重视的人，其数量日益减少。

教化的普遍降格与能力的专门化

在群众秩序的生活中，大多数人的教化倾向于迎合普通人的需要。精神因其散漫于群众之中而衰亡，知识则由于被合理化地处理到让一切浅薄的理解力均能接受的程度而贫困化了。这一普遍降格的过程，表明了群众秩序的特征，造成了有教养的阶层消失的趋势，这个阶层中的人曾是由于连续不断的思想与情感的修养才造就而成的，他们因此而被赋予精神创造的能力。群众的人很少有空余时间，他所过的生活也不同整体相适应。他并不想要作出什么努力，除非有一个具体的目标，并且这个目标是可以用实用价值的词语来表达的。他不会耐心地等待事情的成熟，每一件事情对他来说都必须提供某种当下的满足。甚至他的精神生活都必须服从于他的转瞬即逝的快乐。正是出于这些原因，文章采取了文学的通俗形式，报纸取代了书籍，散漫随意的阅读取代了对那些能够陪伴终生的著作的仔细研读。人们的阅读快速而粗略。他们要求简明，但不是要求那种能够形成严肃思考的出发点的简洁与精练，而是要求那种迅速提供给他们想知道的内容并能同样迅速地被遗忘的资料的简洁。读者同他的读物之间不再有精神上的交流。

如今，教化意味着某种永远不成形式的东西，某种以奇特的强烈程度出自空虚而又迅速返回空虚的东西。众人共有的价值判断形成典型。人们迅速地厌倦于他们已经听说的东西，所以不停息地猎奇求新，因为没有其他东西能够激发他们的想像。凡是新奇的东西都被当做人们正在寻求的最重要的知识而备受欢迎，但随即又被放弃，因为人们所需要的都只是一时的轰动。渴求新奇的人充分意识到自己生活在一个新世界正处于形成过程中的时代，生活在一个历史不再被考虑的世界里，因此他老是不断地空谈"新事物"，好像新事物就因为其新而必定是有效的。他谈论"新思想"、"新的生活观念"、"新体育"、"新的客观性"、"新经济学"，等等。任何东西，只要是"新的"，必定具有肯定的价值；如果不是新的，便被认为是微不足道的。一个人原无东西好讲，尽管如此，他却仍拥有一种判断力，一旦疑难发生，就能把这个判断力单纯地当做一种防御力量来加以运用。仅仅"具有理智"，就被认为是拥有了把握真实的实存的精神能力。人们同他们的同伴之间没有紧密的亲切感，不再能够爱他们，而只是利用他们，只是在一个抽象理论的平面上或者为了实现某种明显的目的而拥有同志和敌人。一个个人如果被认为是"有趣的"，不是由于他自身的缘故，而仅仅是因为他能给人以刺激。一旦他不再令人惊讶，这种刺激作用就消失了。当人们评价某人是"有教养的"，他们的全部意思无非是指此人具有这样的能力：面貌全新，有判断力，令人感兴趣。这种教化的领域是讨论。讨论在今天已成为一种群众现象。但是，如果讨论并不是提供如上述三种评价所体现出来的乐趣，而是要给人以真正的满足的话，那么它就应该是一种真正的交流形式，即表达彼此冲突的命运的斗争，或者传达属于共同建构的世界的经验与认识。

　　知识及其表达的群众传布，导致了词语的空洞贫乏。在现存的教化上的混乱中，人们什么话都可以说，但所说的话全都空洞无物。不仅词语的含意模糊不清，而且那最初使心灵之间得以沟通的真实意义被抛弃了。这就使基本的相互理解成为不可能的。当语言不在真实意义上被使用时，它就不能实现作为一种交流工具的目的，而是变得以自身为目的了。假如我通过一块玻璃观看风景，假如这块玻璃朦胧不清，而我的注意力投向了玻璃本身，那么我就不再看见风景。今天，人们不去努力把语言用做思考存在的工具，而是以语言代替存在。因为存在应该是"原初的"，或"原始的"，所以通常的语词被避免使用，特别是避免使用那些具有较重要的、可能传达真实价值的意义的语词。人们想用陌生的词语冒充原初的真理，表示那依赖于新术语的运用的深刻性。人们以为这种对事物的重新命名表现了精神的能力。听到新名词的人，最初为这个陌生术语的奇妙效果所吸引，但是后来它也同样变得陈腐了，或暴露出它自身只是一个面具。这种为了语词本身而关注语词的做法乃是为了在教化混乱中寻找形式的一种条件反射式努力的结果。其后果是，在今天，教化的表现形式，要么是一种未被充分理解的、淡而无味的饶舌（在这类饶舌中，你可以随意使用任何词语），要么就是那取代了现实的长篇大论，一种纯粹的演说时髦。语言对于人的实存的基本意义，由于人们注意力的转移而被转变成幻影。

在这个无法抵抗的解体过程中，又存在着一个教化上的现存内容被强化的过程，这些内容打开了种种上升的道路。就精确的职业知识的发展程度来看，专门的知识已成为题中应有之义。如今，这样那样的专门化能力正广泛传布。相关的知识可以通过对与这种知识有关的方法的实用性研究来获得，而这种知识则可以作为结果而被简化为最简单的形式。在现存的混乱中，人们到处都能显示专门知识，但这种专门知识分支众多。每个个人仅仅在一种事情上是专家，他的才能范围通常极为狭窄，并不表现他的真实存在，也未将他带入与那个超越一切的整体的关联中去，而后者乃是一种经过修养的意识之统一体。

历史的汲取

一种对教化的敌意已经形成，这种敌意将精神活动的价值贬低为一种技术的能力，贬低为对最低限度上的粗陋生活的表达。这种态度是同这个星球上的技术化过程相关联的，也同一切民族中的个人生活与历史传统相脱节的过程相关联。由于这一过程，一切事物都被置于新的基础之上。除了在由西方造成的新世界中找得到技术上的理论根据的事物之外，其他一切事物都不能继续存在。这种事物尽管在其起源上是"西方的"，但就其意义和作用而言，却是普遍有效的。因此，人的实存，从根底上被动摇了。这一震荡，对于西方来说，是曾经经历过的最为广泛的震荡。但是，由于它是西方特有的精神发展的结果，所以它仍是它所属世界的连续性中的一个组成部分。对于西方世界之外的文明来说，它却是作为一种灾难而从外部打击这些文明的。任何事物都不再能以其传统的形式而持续长久了。印度和远东的民族的伟大文明都面临着这同一个根本问题。它们都被迫去经历一次改造，这次改造将以其社会学上的因素和后果而使它们适应于技术文明的世界。因为，倘若没有这种改造，它们将会灭亡。一方面，一种对文化的敌意正在粉碎迄今为止一直存在着的一切（并且带着一种狂妄的假定，即这个世界此刻正在整个儿地重新开始）；另一方面，在重组的过程中，精神的实体只有通过一种历史的回忆才能被保存。这种回忆不能仅仅是关于过去的知识，而必须具有当代的生命力。倘若不是这样，人就会重新滑入野蛮状态中去。我们时代的危机所具有的压倒一切的剧变在这永恒的实体面前相形见绌，而记忆则参与到这个实体的存在中去，就像参与到一切时代所共有的不朽的要素中去一样。

因此，对于过去的敌视，正是即将分娩出对历史性的新评价的产前阵痛之一。这个历史性自身正在同历史主义战斗，后者就其已经成为一种伪造的文化替代品而言，乃是一种虚假的历史性。如果回忆仅仅是关于过去的知识，那么它就无非是无限数量的考古材料的堆集而已。如果回忆仅仅是富于理智的沉思，那么它只不过是作为一种无动于衷的观照而描画了过去的图景而已。只有当回忆采取了汲取的形式时，才会形成在对历史的尊崇中的当代人个体自我的现实；而后，这个回忆才会作为一种标准来衡量当代人自身的感情与活动；最后，这个回忆才会成为当代人对他自身的永恒存在的参与。回忆的方式问题，正是这样的文化是否仍然可能的问题。

广泛渗透的种种习俗，到处都有益于我们关于过去的知识。现代世界关心这类习俗的程度表明了一种深深埋藏着的本能，这种本能即使在文化的普遍毁灭之中也仍然拒绝接受历史连续性完全中断的可能性。过去的作品被保存在博物馆、图书馆和档案馆中，人们意识到他们正在保护某种不可替代的东西，即使这种东西暂时还未得到正确的理解。各个党派的人，各种各样的思想方式，以及各个民族，今天在这件事情上都是行动一致的，这种小心翼翼的忠诚还从来没有像今天这样成为普遍的态度，或者被如此明确地当做理所当然的做法。在一切可能的地方，人们保护和照看着历史的遗迹。凡属古代的伟大遗物，可以说都像木乃伊那样继续存留着，并且成为朝圣的对象。那些曾经在世界上起过伟大作用和曾经有过一段共和国独立的辉煌历史的地方，如今继续不断地拥入大量国外的来访者。整个欧洲在某种意义上已经成为西方人的一个历史博物馆。在这种历史纪念的风尚中，以及在种种为铭记国家、城市、大学、剧院的成立和著名人物的诞生、逝世而设定的节日中，回忆，尽管还未达到任何内在的价值，但仍然表明自身乃是那种力图保存的意志之象征。

仅仅在某些罕见的个人那里，有意识的回忆才转变为一种富于领悟力的直觉。这种情形就好像是一个人摆脱了现在而返回到过去的生活中去一样。那终结了的、过去了的东西，仍然作为无内容的文化要素而继续存留着。这几千年的历史全景就像是一个至福的沉思境界。在 19 世纪，这种关于过去的观念所具有的广泛性和客观性是前所未有的。沉思过去的热情把人们从当前的苦难中解脱出来。当他们研究他们的前辈所成就的伟大事业时，感到无比快乐。这样一个教化的世界变成了仅仅在关于过去的书本和考证中生活着的传统。最初的沉思者的后继者们所传递下来的，是他们更伟大的先驱所曾看到的景象的褪了色的描写。后继者的后继者们保存了那曾经是伟大人物的最初见识的东西，并仍然着迷于那一个在理解上或至少在言辞和教学中被复制的世界的作品。

但是，文物考古的经验以及形象化的认知，说到底，只有作为引向一种在当代可能的现实化的向导，才拥有它们的权利。历史是被汲取的，它不是单纯关于某种事情的知识，也不是一个因为本应不让其衰亡而必须加以恢复的黄金时代。没有人的实存的再生，就不可能有汲取。由于这种再生，历史发生了转变，因为我进入了一个精神的领地，在这个领地中我曾经凭借我自身的创造力而成为我自己。通过对历史的汲取而形成的教化，并非要把现在当做某种毫无价值的东西而予以摧毁，以图轻易地逃避它。汲取的作用在于它使我能够把我的注意力集中于以往曾经达到的高度，从而找到我自己的道路而走向在今天有可能达到的一种现实的最高峰。

作为一种新的财富而获得的东西乃是一种改造现在的东西。仅仅进行认知的教化所具有的不真诚的历史性只不过是一种想要重复过去的意志而已。然而，一种真诚的历史性是这样的愿望，即希望发现那养育着所有的生活因而也同样养育着现在的生活的源泉。于是，真正的汲取会在没有目标或计划的情况下随之发生。但是，回忆的现实化力量将是难以被把握住的。伴有历史连续性断裂之危险的当代状况要求我们有意识地去抓住这种回忆的可能性。因为，如果听任这个断裂形成起来，人就会消灭他自己。当正在成长的一代走进由机器造成的群众生活秩序的世界中时，他们在今天发现空前丰富而容易获得的回忆手段。这些手段的形式是书籍、雕塑、绘画、建筑、纪念碑以及各种各样的其他作品，还包括古时候的家庭生活日常用品。所有这一切都使他们能够意识到关于他们自身起源的事实。问题于是产生：在其历史性中的实存能够利用所有这一切创造出什么来？

作为一种单纯的知识和了解的教化，可能会抱有浪漫主义的愿望，想要重建那不可挽回的东西，同时却忘却了每一种历史状况都只有它自身的现实化可能性这样一点。同这种教化相对立的，是一种简陋的生活方式的朴实性。这种生活方式在历史沉思的领域中仅仅需要那种对它的活动来说是无条件而必要的东西。真正的教化宁愿在最低限度的汲取中成为其自身，而不愿在一个更广大的世界的变幻中丧失自身。看来，正是由于这一动力，对于朴实的真诚的意识以及对于存在上的原初性的意识，才变得既在历史方面有效也在其他事物方面有效。这里，有决定意义的仍然不只是丰富多样的价值，而首先是那个让人站在其上俯视一切时代的高峰。在今天，简陋与伟大是一致的。浪漫主义的热情在与当代生活的现实冲突时所必然遭逢的幻灭，正在转变为关于真实事物的、摆脱了幻想的沉思，而这种真实的事物在过去同时也是丰富的。

新闻报刊

报纸作为对于群众生活状况的意识构成了我们时代的精神生活。新闻报刊虽然最初只是交流各种观点的一种简单工具，现在却在世界上占据了支配地位。它创造的生活知识具有能被普遍理解的明确性，这同专业知识形成对比，后者只能为内行所懂得，因为它是用一种未经专门训练的人所不能理解的术语来表达的。这种生活知识的构筑起自通讯报道而把对实证知识的研究当做一种过渡手段予以轻视。它作为我们时代的无名文化而诞生，而且，作为一种文化，它仍在创造的过程中。报纸，作为一种观念体现了充分实现群众文化的可能性。它避免模糊的概括和外部情况的堆集，以便生动地、隐含解释地、简洁地描述事实。它把在精神领域中发生的一切都包含在内，甚至包括那些极其微妙深奥的细节和最为杰出的个人创造。它仿佛是在重新创造，因为它把最相近的事实组合在一起，从而使那些在其他情况下可能始终只是少数人的无效财富的东西进入了时代意识。通过它所完成的变形，那些原来仅仅是专家所明白的东西能够为大多数人所理解。古代的文献不同于我们自己的文献，它表达的是一个清楚、简单的小世界，并且把这个世界表达得即使在这个世界本身来看也是栩栩如生，所以可以被某些个人引为榜样，并且已经被引为榜样。它的实质乃是一种向各个方向打开窗户从而能够直接沉思事物的人性。可是，由于现代生活的实际状况极为复杂，这个世界对自身认识的要求就迥然相异于古代了。

对于现代人来说，在每天印刷出来的一大堆五花八门的文字垃圾中发现那些以完善而简洁的报道语言表达出来的、具有令人惊叹的精辟见解的"珍珠"，乃是一种极大的——如果不是常见的——满足。这些珍贵的文字是一种精神修养的产物，这种修养正是在这个地方表现了出来，并且悄悄地影响着当代人。当我们明白了新闻记者对于日常生活所说的话的意义时，我们对他们的尊重就增加了。在今天，凡发生的事情都不能仅仅由那些直接知晓此事的人所掌握，而新闻记者的任务就是要让此事去吸引千百万人的注意。在一时之间所发表的言论具有长远的影响。如此讲出来的话，是同生活密切接触后的产物，它通过改变人们在群众中所形成的思想而部分地决定着事变的进程。如果印刷出来的文字未能对读者产生持久而广泛的影响，人们就常常叹惜报纸的言论变动不居、昙花一现。但是，在今天，由于读者们的积极参与，报纸的言论却能够成为真正现实的一部分。因此，新闻记者的职位是负有特别责任的职位。虽然记者是匿名的，但是他的责任应能给他以自信和强烈的荣誉感。在事变的过程中，他知道他拥有影响他同胞的头脑的力量。他是创造当前状态的参与者之一，因为他能够在此时此地说应该说的话。

但是，新闻记者的这些最高可能性也可能流落于颓败之中。当然，并无什么危机影响着新闻界。这个王国是得到保障的。这个王国中的斗争，并不是为它自身领地的生存而进行的战斗，也不是为了对付它昔日的敌人而进行的战斗，而是为了决定一种独立的当代精神的力量是继续保持活力还是衰亡下去而展开的斗争。这些为了一时之需而写作与思考的人，常常写得虽有技巧但仓促而缺乏认真的考虑，这种情况可能被认为是无法避免和容易理解的。然而，这种职业最具灾难性的特征乃在于新闻工作的责任与精神创造性会由于记者们不得不受制于群众需要和受制于政治经济方面的大人物而受到危害。我们常常听说一个记者不可能始终保持精神上的正直。如果他要为他的产品找到市场，他就必须诉诸千百万人的本能。追求耸人听闻的效果，描写琐碎的事情，尽量避免他的读者在阅读时费脑筋——这一切都可能使他的写作平庸浅薄乃至低劣。如果新闻界要有所收益，它就不得不愈益服务于政治、经济上的各种权力。在这种受支配的情况下，记者们发挥了故意说谎的技巧并为了那些同他们的更高自我不相一致的事情而极尽宣传之能事。他们不得不奉命写作。只有当生活的统治力量本身是由一种理想所支持，而且记者也认为自己同这些力量和谐一致时，他才可能是完全真诚的。

这一具有自身道德标准并且实际上对世界有精神支配作用的特殊阶层之形成，乃是我们时代的特征。这个阶层的命运同时就是这个世界的命运。没有新闻界，现代世界是不可能生存的。所以，结果将不仅取决于读者以及可能形成的各种权力，而且还取决于那些以自己的精神活动给这里所说的阶层打下某种印记的人们具有怎样的原初意志。归根到底，问题在于：群众的品质是否将无可避免地毁掉人类通过发挥这些可能性而可以成就的一切？

记者能够实现被普遍化的现代人的理想。他能够投身于当代的张力和现实，并对这些张力和现实采取一种反思的态度。他能够发现时代精神在其中迈进的最深层的领域。他自觉地把他的命运与时代的命运交织在一起。当他遭遇到虚无时，他惊恐、痛苦、畏缩。当他满足于那种使大多数人感到满意的东西时，他是不真诚的。当他真诚地实现他在当代的存在时，他上升到崇高的境界。

第二章
精神的创造

  精神的工作具有长远的眼光，它试图找到全神贯注的活动领域，而摒弃暂时性的环境需要。个人向外进入世界为的是发现他可以从这个世界带回去的东西。如今，这种精神工作的方式看来面临衰落的威胁。正像在被视为满足群众基本需要的一种手段的国家社会主义之下，经济利益掩盖了国家的真相，或者为了个人财产所有者的利益而误用国家一样，艺术也变成了单纯的娱乐（而非超越存在的象征），科学则变成了对技术的实用价值的关心（而不是一种追求知识的原初意志的满足），哲学则变成了一种教条式的或偏激的、虚假的认识（而不是人对于因激进思想而起的怀疑和危险的防御）。

  在几乎所有的活动领域中都有了辉煌的成就。许多成就都可以被恰当地视为优秀的，甚至是不同凡响的。但是，相当常见的情况是，所成就的东西缺乏实质与核心。如果有实质或核心的话，某种表面上看并不怎么好的东西是可以有真正的价值的。

种种精神可能性的增加似乎打开了史无前例的前景。然而，由于愈来愈广泛的限制性因素，这些可能性看来又被削弱了。新生的一代不再汲取早先的成就。人类的手似乎不再能够摘取过去的果实。

不存在由一个整体所划出的可靠界限，这个整体应能在一切工作开始之前就无意识地指明那能够完成的独立探求的道路。在几百年的时间里，人们愈益清楚地看到，精神创造的工作必须由那些从内心深处获取主要动力的人来承担。事实上，在全部历史中，孤独是一切真正的能动性的基础。但是，这种孤独是同它所历史地归属的民族相互联系着的。今天，精神的创造者似乎不仅必须像一个隐士那样生活，而且好像还在创造一个全新的开端，同任何人都没有联系，既无朋友，也无敌人。尼采是第一个以这种可怕的孤独为主要特征的杰出人物。

这样的精神创造者，既没有早先几代人的支托，又没有当前一代人的支持，而且得不到一种真正有生命力的传统的维系，所以，他不再能够成为某个尽可能地去完成一条道路的人的共同体中的一员。在某种征服一切的环境中，他既不采取行动，也不作出结论。他面临偶然性的威胁，在这种偶然性中，他不能大胆地前进，而只能浪费掉他的精力。这个世界并不赋予他任何使命。他必须自己承担选择道路的责任。他得不到响应，或者只得到虚假的响应；他遇不到一个真正的敌手。在这种情况下，他失去了必要的自信。如果他想避免这种散漫游移，他就需要几乎是超人的力量。在缺乏坚定、明确的教育的情况下，亦即在缺乏具有确定目标、使人们可能达到最高点的教育的情况下，他只能在连续不断的失败中踽踽而行。其结果也许就是，当他刚刚开始看到形成一个真正的起点的可能性时，这个起点的时机却已错过！他仿佛被夺去了呼吸的可能，因为，如果他想成为某种能够持久的事物的精神创造者的话，他却不再拥有个人必须从中成长起来的精神实在的世界。

结果将是下列各种危险：从艺术中将流失艺术工作室的文化——这种文化不仅具有训练上的意义，而且同样赋予艺术作品以其内在的价值；从科学中将流失在知识和探索方面的训练，这种训练是以一种关于整体的观念作支撑的；从哲学中将流失师承相袭的信念。取代这一切的，将是技术成规、单纯的手工技巧、形式、准确的方法等等的因袭，以及最后，还有那些毫无益处的夸夸其谈。

因此，对于那些仍然努力发挥创造性的人来说，他们的命运将是发现自己的力量被完全阉割了，或者，在最好的情况下，就是发现他们的作品是支离破碎的、不成功的。绝少找得到这样的人：他们能够承担起那种既需要非凡的创业能力又需要有取悦于大众的才干的工作。

艺术

建筑是一门在我们的时代能够同时获得精英人物和群众支持的艺术。工程上的技术客观性无个性地发展着，直到发现了日用品的完善而合目的的形式时为止。在这里，活动的范围限制在达到实际可控制的事物的目标上，因而导致了这样的完善性：它使人类技艺的产品看上去有一种自然的必然性——无缺陷、不粗糙，也不累赘。但是，技术的客观性，无论怎样完善，在自身中并无那种曾在早先时代盛行过的风格，那是一种即使在最繁复的装饰中也能让超越存在透露出光芒的风格。因此，我们之满意于技术所具有的自明清晰的线条、空间和形式，几乎还算不上是自我满足。由于我们的时代尚未为自身找到一种风格，或者，尚未充分意识到自己真正想要的是什么，所以，目的上的功利主义就居于统治地位。现代的教堂显得不和谐了，因为它们没有充分的技术上的目的。而且，这种不满足无意识地搅扰了技术的纯洁性。无疑，在一些宏伟的建筑实例中，我们发现了一种比实用的形式更伟大的成功，它类似于风格上的成功。在这方面，建筑师们似乎在进行一场彼此没有恶意的竞争，他们都力图达到某种东西，这种东西被他们一致地看做是对那些为当代人的普遍生活而真诚地从事的任务的完成。在欧洲建筑的丑陋的大杂烩中，最近几年开始出现了某种因素，这种因素不单纯是消极的简易性，而且具有积极的怡人风貌，具有一种对于环境的情感。这种因素出现在公共建筑、市政规划、机器制造、交通工具、民宅以及娱乐性的公园中。这类事物的创造不仅仅表达了某种一时的风尚，而且具有持久的价值。

但是，我们时代的这一典型的、突如其来的变化，并不是在不可企及的形式中设法创作具有内在价值的作品以消除技术的纯粹性，而是在随意的更迭中摆脱客观性，趋向一种与客观性完全对立的过度的探索。在我们的技术世界的节制中，虽然少了超越存在，机械装置却得到了完善，不断地清除着它的异己者，当它滑离富有创新意义的成功之路时，这条路却像一条细长的带子延伸于当今的建筑之中。不过，就独创性而言，今天恐怕没有其他的艺术能与建筑艺术媲美了。

在过去的时代中，艺术作为造型艺术、音乐和诗，使人全身心地受到震撼，以致正是凭借这样的艺术，人才在其超越存在中实现了自己。如果这个世界已经毁坏，艺术却通过对其变形而成形，那么问题就发生了：创作者是在哪里发现这一真正的存在的，而这一处于休眠状态的存在竟只能通过创作者进入意识并得到发展？今天，艺术似乎都受生活驱使而向前，失去了它们赖以歇憩或者其价值能够保证其表达的圣坛。如果说，在几十年前的印象主义中还保留着直观的安宁，那么，在当今的自然主义中，它作为可能的艺术创作的要素只是最低限度地存在着，而今天，这一体现为事件之流的世界已经从创造性停顿的瞬间中完全抹去了安宁的存在，能够在艺术中显示出来的共同的世界精神，现在也感觉不到了。然而，渐趋强大的现实仍然是无言的黑暗。面对这样的现实，笑似乎像哭一样苍白无力，就连讽刺作品本身也语塞喉咙。以自然主义的方式去把握这种现实的那种艺术创作上的冒险行为会耗尽自身而一无所获。描述单个人的痛苦、准确地理解当今时代的特殊性、在小说作品中叙述事实——所有这些，无疑地是一种成就，但还不是艺术。今天，人类的伟大与时代之间的不一致，已经使造型艺术像悲剧一样失去了存在的可能性。

今天，艺术必须像以往一样，使人们在他们现在正信奉的形式中自然地感受到超越存在。这样的时刻似乎正在临近，即艺术又会告诉人们，上帝是什么，他自己是什么。就像上面提到的一切都没有发生过一样，我们必须注视在早已逝去的世界形式中人类的悲剧和真正的存在的光芒，这并不是因为在那时有更好的艺术，而是因为其中有依然适用于今天的真理。我们参与和我们处在同样状况中的同时代人的真正追求，然而我们又意识到自己的局限性，即我们还没有悟透我们置身于其中的世界。

今天，到处触目可见的似乎是艺术的各种存在物的沉沦。只要艺术在技术性的群众秩序中成为生活的功能，它甚至会作为娱乐的对象退到体育活动一边去。尽管作为娱乐，艺术已从劳动生活的强制中摆脱出来，可是，单个人的个体自我却不可能达到同样的结果。艺术所具有的并不是一种超感性的密码的客观性，而仅仅是一种事实游戏的客观性。在对新的形式关系的追求中发现的却是一种形式的练习，这种练习在关于人的本质方面缺乏深刻的、可信的内容。个体自我惟有在超越中才能显现出来，而艺术一旦放弃了个体自我的可能性，它就不可能在对超越存在的一瞥中解放意识。在这种艺术练习中，对能力的要求是特别高的，而其中最重要的能力乃是对粗野的本能冲动的协调。群众认识自己，只是向生活索取，而从不询问为什么要这样做。在这样的艺术里得到表达的，只是人的对立面，即赤裸裸的当下的现在。一旦出现对以往的高尚或超越的要求的追求和乐趣，就会被斥为欺骗。于是，形式在所有的客观性中最终化为技术，构造化为计算，要求化为对新纪录的追逐。当艺术执著于这样的功能时，它变得没有意义了。这种艺术今天可能称这个是重要的，明天又可能转过去说那个是重要的；它放在首位追求的乃是艺术品给人的感觉。它必然缺乏与各种内容的联系，而这种联系只有在那些具有确定的伦理实体的时代才是存在的。从外在能力上看，这种艺术的本质表达是混乱的，其中生活所直观到的只是自己的生命力或对生命力的否定；而它所显示的却是另一种生活的幻觉：一种技术的浪漫主义、一种形式的想像、过度的享乐生活之富足、冒险和犯罪、充满乐趣的无聊和似乎在无意义的均衡中克制了自己的生活。

对于那些对艺术采取此种态度的人来说，剧院可能成为单纯的娱乐场所，一种满足好奇心和满足对幻想的需要的地方。然而，即使如此，我们仍然听得见一种真正的声音，或者，应该说是一种容易被淹没的低音。

电影揭开了一个没有电影就不会被看到的世界。它轻率地显示了人类的外观现实，而我们全都为之倾倒。我们的视觉经验得以广涉所有的民族和国家。但是，在我们眼前展示的东西并不详尽、彻底，并不能使我们对景象作周密的观照。我们在银幕上看到的东西是富于刺激性的，甚至是动人的，以致我们不能忘怀。但是，在电影院中花去的大部分时间是要付出代价的，那就是心灵之奇特的、前所未有的沉郁，而当观看时的紧张已经消失时，这种感觉还在持续。

场景的艺术仍然有着传统的技巧。它的较新的发展，使它能够在片刻之间产生惊人的效果。一幅由皮斯卡托①设计的舞台背景混合了机器、街道、跳舞的腿、行军中的士兵，它给我们呈示了一种粗陋的现实，而同时又把这个现实提升到了非现实的层面上去。每一件事物都在设计好的灯光照明中投下自己的影子，并依此方式在我们面前呈示两次以上，

① 埃尔温·皮斯卡托(1893—1966)：德国戏剧导演；最早运用电影技术设计舞台背景的戏剧家之一。——译者

第二次出现时就像是第一次的幽灵再现一般。当这种场面出现时，作为表现手段的技法似乎消除了这种技法本身的实在性。但是，这种消除使存在的感觉丧失了，剩下的只是虚无。这虚无通过感染观众而唤起了对生活的恐惧。政治潮流，作为对恐惧的抵抗，只是不起作用的副现象而已。

现代演员有能力初步地表现生活的基本情感——仇恨、讥讽和轻蔑；能够表演淫荡的色情以及滑稽可笑的人物；能够表现种种简单的、吵吵闹闹的，但能使人相信的冲突。但是，在大多数情况下，他们无法胜任那种表现人的崇高的任务。今天，几乎很难找到适于扮演哈姆雷特或埃德加的人。

莫扎特的歌剧仍然能够被表演得相当不错，以飨热情的观众。的确，这种早先时代的最好的音乐能够被人们以一种高雅脱俗的精神来加以重演，并不因为要适应群众的本能而被降格。我们没有权利区分：在皮斯卡托的观众和莫扎特的观众之间，谁是更好的观众，谁更接近真理。在此，我们并不涉及两者择一的选择，因为我们面对的乃是不可比的两项。对于皮斯卡托的观众来说，关于生活乃是虚无的粗朴认识，伴随着片刻之间的紊乱而被带到意识中去。在重演古典音乐时，我们接触到的是一种使真实的存在得到清晰表达的艺术。

今天的音乐，是一门既吸引大众也吸收精英的艺术。然而，与建筑大不相同，它同时也是在重现过去方面最不受拘束的艺术。这一点是它的影响力的核心。我当然是更喜爱古典音乐的。至于现代音乐，就其与整体的关系而言，是令人感兴趣的，而不是具有深刻的感染力的。它的特性在于能吸引人，而不在于能使人有所实现。

科学

甚至在今天，科学也还在继续不断地赢得最不同寻常的成果。严密科学，即自然科学，在其基本概念和经验结果方面，已进入了一个令人兴奋的迅速发展阶段。全世界的科学研究者们已建立了合理的相互理解的关系。一个人能把另一个人的工作接续下去。这一过程也在群众当中重演，因为科学的成果能迅速被人们理解。在精神和道德的科学中，一种密切关注事实材料的眼光在细节上已十分敏锐。文献和著作空前繁富。评判的可靠性已经达到。

无论是暴风雨般向前推进的自然科学，还是研究素材不断扩展着的精神科学，都不能阻挡对一般科学的怀疑的增长。尽管各门自然科学引人注目的一致性影响了当今的基本思想，然而，自然科学对外部世界的直观是缺乏整体性的。与其说它们是作为真理被确立起来的，倒不如说它们是供人试验的迥然各异的处方。各门精神科学缺乏人文教化的观念，虽然它们在各自的领域里作出了内容丰富的描述，但这些描述是零星的。它们试图以最完美的方式去达到一种可能性，而按照这种可能性，似乎无法引申出任何进一步的东西。哲学研究和批判性的研究反对历史哲学的总体性（即以描述的方式把历史构想为人类活动的各种可能性的整体）的早期斗争已在无能中结束。数千年来，历史主顾们的向外的拓展，不过是一种外在的发现，而并未导致对根本的人性的新的同化。一种普遍的、无涉要旨的冷漠似乎笼罩着过去的一切。

科学的危机不仅仅在于它能力有限，而且也表现在它关于意义的意识中。伴随着整体的毁坏，可知之物变得不可测度了，并出现了知识是否有价值的问题。不管在哪里，只要人们认为缺乏整体世界观的知识是正确的，那么这种知识总是按照技术的可用性来评价的，于是，它就沉落到与任何人都无关的无底洞中去了。

显然，这种危机的基础似乎部分地源于科学自身的活动。已获得的浩如烟海的资料和各种研究方法的精致化和多样化，使科学探索的前提变得愈来愈宽泛，新一代的研究者在开始参与工作之前，必须先弄明白这些前提。人们完全可以说，科学已经越出了一个人能够掌握的范围；在他能够掌握从前人那里继承过来的东西之前，想必已经离开了人世。然而，当科学处在某种有限且统一的意图的导引下时，其无限性就可以不予考虑，学生也将满足于掌握特殊的一组基本原理与观点。不论在哪个时代，都没有人能够完全把握可知之物的外在范围。但是，人之把握外部事物的手段总是作为其观念演进的决定性的步骤而被发现出来。科学作为知识化的人的整体在人格中得到了实现。因此，在知识和能力发展的当代阶梯上，那些从过去获得的理论前提或许来自人们尚未掌握的某种单一的可能性。

今天，人们到处都在刨根寻底地进行追问，寓于各种可能性中的形形色色的理论原理也被测试并被相互否定。这一事实已使一知半解的人们陷于怀疑之中。在完全缺乏固定点的地方，人们所知道的东西只是飘浮在空中。人们的知识所能看到的只是何者没有参与其中。当然，趋向于新原则的创造性步骤会动摇知识的大厦，但同时又会将研究不断地继续下去，已获得的知识不断地对研究质疑，同时，人们的研究活动也在一种新的意义上维护了具体科学的整体性。

并不是各门科学的长足发展，而是科学情景所涉及的人，才导致了危机的加深。不是科学本身，而是科学中的人本身处于危机之中。这种危机之历史的、社会的原因在于群众生活。单个人在科学事业中的自由研究的变化这一事实导致了如下的结果，即每个人只要有理解力并足够勤奋的话，就有能力参与共同的研究工作。这样一来，科学的庸俗化也随之而产生了；为了证明自己是研究者，人们满足于进行空洞的类比，任意的论断、数据和描述，并把这些宣布为经验科学。带有偏见的观点是如此之多，以致人们在许多情况下无法相互理解，他们只是追随下列做法，即每个人为了表明什么东西都不惜自寻烦恼，甚至冒险地、不负责任地说出自己的观点。人们急不可待地把忽发奇想的东西"提出来讨论"。在一些领域内，不少被印行出来的合理的东西最终变成了不再能被理解的残余物的混杂的浊流的展现，而这些残余物一度属于群众头脑中活生生的思想。当科学的功能变为有兴趣者作为职业的专业时，由于庸俗化特征的作用，研究和文献的意义会变得乱七八糟。所以，在某些科学中，那些用虚假的新闻手法写就的、具有轰动效应的文献已经变成了追逐短暂的成功的手段，而所有这一切都源于那种排除意义思考的意识。

在科学的领域中，仅仅由于技术检验标准的存在，继续不断地作出富有成果的发现才成为可能的事情。因为，已经不再有某种追求知识的原初愿望推动研究者去达到自己的目标了。在这样的情况下，由技术领域中的发现所带来的金钱奖励有助于维持科学研究的继续进行，尽管科学研究的原动力已经消失。这就使得人们能够产生一种心态，即认为有一种客观的危机存在着——尽管实际上只是纯粹主观的责任。奖金的提供，使有能力的知识分子即使并未因科学本身而热爱科学却也能投身于为作出有意识的发现而进行的工作。由于这种金钱鼓励，科学在精神方面的自我抽空过程就以有利于群众的机器化生活的方式而继续下去。

在各个大学中的群众生活趋向于毁灭作为科学的科学。科学必须使自己适应于大众。而大众对科学的关心只是由于科学所具有的实用的效果。他们学习科学仅仅是为了通过考试，并且获得在这件事情上的成功给他们带来的地位。研究活动只是在它有希望获得实际可用的成果时才得到促进。"科学"，根据这样的理解，仅仅成了可学得的东西的合理的客观性。以往的大学曾经充满富有活力的精神氛围，现在则已退化为单纯的学院。严格指定的课程免去了个人自己去摸索道路的风险。可是，没有自由的风险，就不会有独立思想的可能性。其最后的结果，只是获得技术专家的技能，或许还有广博的知识，即成为一个博学之士，但不是一个探索者——这成了普遍的人才类型。今天的人们已不在博学者与探索者之间作出区分，这个事实是科学衰落的一个征兆。

真正的科学，是那些自愿献身于科学研究的人的一项高贵的事业。这些自己承担风险的人怀抱着原初的求知意志，这种意志没有任何东西可以阻挠，除非发生了科学的危机。当然，在今天，如果有什么人竟然把自己的整个生命都投入科学的研究，这多少有点反常。但是，毕竟，从来就没有过许多人都愿意献身科学的情况。如果某人之运用科学是出于这样或那样的职业上的实用目的，那么他就仍然只是一个科学的参与者，哪怕他在气质上以及在内心中是一个探索者。各门科学的危机乃是那些受到其影响的个人的危机，因为，这些人虽然是"科学工作者",但是却没有为一种真正的、绝对的求知意志所激励。

因此,今天,一种对于科学之意义的错误理解在全世界散布。过去,科学一度得到过极大的尊重。甚至在我们的时代,也存在着对科学的一种普遍的信念,因为群众秩序是通过技术才可能的,而技术又是通过科学才可能的。但是,由于科学仅仅通过方法上的培养才被人们掌握,而且由于对科学成就的惊叹并不包含对于科学意义的领会,因此,这种信念就只是迷信罢了。真正的科学是这样一种知识:它包含着关于知识的方法和界限的认识。但是,如果对科学成果的信念仅仅出于这些成果本身而丝毫不涉及这些成果由之获得的方法,那么,如此形成的迷信就取代了真正的信念。人们始终相信科学资料所号称的坚实可靠性。这种迷信具有下述内容:对一切能够促进生产的东西抱有乌托邦的认识,以为在生产的领域中技术能够克服一切困难;相信福利就是一般共同体生活的可能性,也是民主的可能性,而民主则是通过大多数的统治而走向所有人的自由的正确道路;而更一般地说来,它是一种对知性材料的信仰,把知性材料当做无可置疑的正确的教条。几乎人人都受到这种迷信的支配,即使有学问的人也不例外。在个别情况下,这种迷信似乎已被克服,但即使如此,它也仍会经常重视。在真正的科学的批判理性与那些被科学迷信所俘虏的人之间存在着巨大的鸿沟。

科学迷信很容易转变成对科学的敌视，转变成这样一种迷信的信念，即以为可以从那些取消科学的力量那里得到帮助。一个相信科学万能的人已经压抑了自己的思想，倘若他遇到一个专家，而这个专家恰好又是徒有虚名的，他就很容易在对科学的幻想破灭时弃绝科学，转而去听信江湖骗子。对科学的信念如果已退化为迷信，那么它距谎言仅一步之遥。

反科学的迷信反过来也会伪装成科学，宣称自己是已取代理论空谈家们的科学的"一种真正的科学"。我们这一代人的思想已受到占星术、基督教科学、神学、招魂术、超人视觉、神秘学等诸如此类东西的影响。反科学在今天蔓延于各个党派和宗派，它的影响在具有最不相同的观点的人中间得到反映，摧毁着人的理性实存的实质。甚至在实用思想的范围内也很少有人能够保持真正的科学精神，这正是个体自我衰弱的征兆。这种迷信同样也毁灭着真正的知识和真正的科学信念的可能性。在这种迷信的黑暗之中，富有成果的精神交流成为不可能的。

哲学

哲学的状况，在今天，以三种模糊不清的现实为特征。其一：这个时代已经产生一大批缺乏信念的人，他们的全部特性来自生活机器。其二：宗教虽然通过那些教会组织而得到了很好的表达，但是看来仍缺乏能够同实际的现状相一致的创造性的表现力。其三：哲学在整整一个世纪的时间里似乎越来越成为单纯的理论学说和历史的事业，因而正愈益放弃其真正的作用。

信念的普遍丧失，可以说是技术机器世界的控诉。人所取得的惊人进步使他能够在很大的程度上支配自然，赋予物质世界以符合自己意愿的形式。但是，这些进步不仅有人口的巨大增长相伴随，而且有无数人的精神萎缩相伴随，而谁也无法要求这些人对他们的生活的起源和进程的现实负起责任。然而，如果我们问，是否绝大多数人都将在这架机器的作用下枯萎？那么，我们发现，我们不得不沿之前进的惟一道路是同这架机器联系在一起的，即使我们受困于它，也必得要奋斗以求拯救。人尽管没有了信念，却仍然不只是一头负重的牲畜。他仍然是人。正因如此，是人自己发现，一切事物已变得朦胧昏暗。留存于他心中而尚具活力的，只是那试图改变环境和改变他自己的盲目意志。他的力求有所改变的渴望在增长，因为人是不能没有信念而活着的。在没有信念的世界里，许多人仍然保持着获得信念的可能性，不过，这些人仍被抑制在极其微弱的状态中，因为没有传统可以依凭，每个人都不得不依靠他自己。没有任何计划和任何组织能够使人有可能达到那最终只有通过他自己的活动才能达到的东西，即他必须作为人而去实现人的实存的全部可能性。

技术的意识，以及关于人的生活即是生产各种事物的意识，形成了一种虚假的明确性。在这种明确性中，真正的、具有毋庸置疑的绝对性的精神丧失了。宗教，作为人的实存的历史基础，可以说已经不见了。的确，由教会和信条所支配的宗教还继续存在，但是在群众生活中，它无非是烦恼中的安慰或生活中的常规行为，几乎不再作为一种实际的生活力量而存在。虽然教会仍然保持其作为一种政治力量的效能，但是为个人所积极持有的宗教信念却日渐微弱。今天，教会的伟大传统常常仅仅成为一种试图恢复其不可挽回的过去的无效努力，而与此同时，又宽容地采纳了各种现代思想。然而，对于教会来说，容忍个人独立已变得愈益困难。它不再能够体现权威与自由之间的真正的张力。但在另一方面，它又能通过无情地开除那些为自己而思考的人而达到其控制群众头脑的精神机器的高度集中。

　　在几个世纪的时间里，哲学思想曾经维系了一种关于人的实存的终极理性的意识，它曾经使宗教世俗化，它也曾经确定无疑地实现了自由个人的独立。而个人也并未失去他的基础，因为，这个基础在其绝对的历史性中反而得到更明显的说明。这种个人的现实性之所以会始终成问题，只是因为在一种没有实存的纯粹意识中，对基础的说明就可能隐去，就可能变得空洞无物。事实上，自19世纪下半叶的开端起，传统的哲学到处都成为由大学的学派所从事的事业。这些学派愈来愈不是由富于哲人精神的个人所组成的共同体。而有哲人精神的个人是从他们自身的源泉中汲取，并以思想的形式来交流那涌入他们自己的意识中的东西的。哲学已同自己的根源分离了，它作为关于一种从属现象的学说而对它曾使之可能的现实生活不再负有责任。它力图在各门科学面前证明自己存在的理由（它实际上承认了科学的优越性），声称自己是纯科学，并且相信在认识论的名义下它既能为自身也能为各门科学确立起有效性和价值。尽管它表面上具有当代性质，但实际上等同于一种关于它自身历史的知识。但即便如此，就其绝大部分的内容而言，它与其说是一种对哲学根源的汲取，还不如说是迷恋于片断的学说、问题、见解和体系。它在形式上是学术的，内容上是理性主义的。它同个人的生活没有任何关系。但是，尽管如此，由于它的严密的逻辑思想的传统，它仍然能够成为由各个哲学学派所从事的有用的事业。这些学派尽管在它们的著作中展开了激烈的论战，却在根本上是同一的，即使它们标上了各种各样的名称，比如，唯心主义、实证主义、新康德主义、批判主义、现象学、客观主义。这些名目繁多的哲学学派所具有的哲学弱点，最典型地表现在它们的大多数代表人物不懂得克尔恺郭尔这一点上。它们也不把尼采当做哲学家，而是把他归入有想像力的作家或诗人一类，以此"去掉其锋芒"。它们轻视尼采，视其为不讲科学的当代疯子之一和一个无能的人。

它们把哲学最根本的问题加以淡化直至其不再构成威胁。

如此放弃自身任务的哲学，虽然增多了自己的研究领域，却只是使自身陷于混乱。它所放弃的任务乃是崇高的任务。已不再能按照天启宗教的教条而生活的人，只有通过哲学才能意识到自己的真正意愿。的确，凡以天启信仰的形式而忠于超越存在的人，只要没有变得愈益褊狭，是永远不应受到打击的。因为去打击一个信仰者的信念，是纯然毁灭性的事。这个信仰者可能并不拒斥哲学的论辩，许多人也敢于容纳那种与人生不可分离的怀疑，但是，他仍然始终把在历史形式中的存在的确实性当做出路和准则，因此必然要返回到他自己的思想方式上去。对于这种可能性，我们现在不予关心。今天，无信仰成了与时代合拍的强大潮流。信仰离开宗教是否可能，这是一个问题。哲学即起源于这个问题。今天的哲学探讨意味着我们试图在一种不依赖于启示而形成的信仰中确证我们自身。布鲁诺、斯宾诺莎和康德是这方面的先驱人物。当宗教已经失落时（我以为，宗教仅在教会制度的庇护下才存在；而且，在任何其他意义上谈论宗教都是一种折衷主义的欺骗），不是迷信的幻想和狂热，就是哲学。这两者都只是在自我理解中，并通过自我理解才实现的信仰。反思的哲学意欲系统地阐明信仰，前后连贯地说明在实存中惟一真正能充分进入意识中去的东西，这种东西并不在某种思想过程中，因为后者始终有脱离实存的倾向。迷信的幻想则不需要哲学，也无须教会宗教的保护，但仍然力图找到某种支持。然而，哲学是站在真正的个人一边的，也就是说，它升起了自由的旗帜——不管它这样做是出于胆大妄为还是可能出于一个落魄者的幻觉。这个落魄者实际上是上帝的弃儿，他在教会之外无法获得拯救。

今天的哲学是那些因为具有充分的意识而不受宗教保护的人的惟一避难所。哲学不再是在一个有限圈子内的人的事情，也不是某个杰出人物的事情。因为，无论如何，它作为关于个人怎样才能更好地生活的紧迫问题，已成为无数人的事情。各个学派的哲学，就其使哲学生活成为可能而言，有其存在的理由。然而，在今天，这种哲学是不完善的、散漫的、支离破碎的，并且还在继续瓦解。

这些情况说明了下述诱惑人的口号的根源。这口号我们已经听得很久了："从意识返回到生命的无意识、信仰的无意识、肉体的无意识中去；离开精神、离开历史、离开绝对。"宗教被拼命地夸张到荒谬绝伦的地步，因为它不再被人们以一种原初的信念来信奉了。人们虽然实际上早已失去信仰，却想要通过窒息自己的意识来有所信仰。

这一口号是一种欺骗。人，如果要继续是人，就必须沿着意识的道路前进。后退的路是没有的。粗朴的意识将一切事物都呈示为可认识的知识和明显的目的。这种意识将由于各种意识方式的清晰发展而为哲学所超越。我们不再可能在抛弃自我意识而使自己避开现实的同时又不让自己同人的实存的历史过程相分离。在生活中，自我意识已成为不容置疑的纯真事物得以出现的条件，成为无条件的事物能够牢固地确立自身的条件，成为我们有可能同我们自己的历史性相统一的条件。

哲学已成为人的真实存在的基础。今天，哲学正在形成其独特的形式。人不再得到稳定状况之实体性力量的荫庇，而是被抛入到群众生活的机器中去；宗教的失落又夺去了他的信仰，因此，他的思想正更加明确地指向了他自身存在的性质。如此，便形成适合于我们时代的哲学思想特征。居于首位的，不再是那个一切事物都依存于他的天启上帝，也不再是在我们周围存在的世界。居于首位的是人，然而，人同他自身建立的关系不可能是同存在的关系，而是要努力超越自身。

第四篇
当代关于人的实存的观念

失去庇护的个人使我们的时代呈现如此面貌:反叛;虚无主义的绝望;无数得不到发展的人陷于困惑;许多人放弃了有限的目的,抵制和谐的诱惑,但是却沿着错误的道路探索。"没有了上帝"——群众愈益强烈地喊出了这样的声音。随着上帝的丧失,人失去了他的价值观念——可以说,他是被杀戮了,因为他感到了自己毫无价值。

我们的世界在其生活秩序上的强制性和在精神活动上的不稳定性,使其不可能保持住对现存事物的完善的理解。我们对外部世界的反映易于使我们丧失信心。我们有一种悲观主义的观点,有放弃行动的倾向。但是,在另一些情况下,我们尽管在总体上描绘了一幅阴暗的世界图景,却仍然对自己在生活中的私人快乐保持了一种懒散的乐观主义意识,与此同时则满足于对实体性内容的沉思,因为这种态度在今天非常普遍。不过,悲观主义和乐观主义两者都是过分的简单化,都是逃避现状的结果。

然而,事实上,由于现状对人提出了极高的要求,所以,似乎只有某种超越人的存在才可能去实现这些要求。实现这些要求的不可能性,使我们设法逃避它们,设法使自己去适应那些短暂呈现的东西。我们在某种边界上抑止住自己的思想。一个相信一切事物都井然有序，相信当前所是的世界的人，甚至不需要具备勇气。他跟随事变的进程，(他相信)这些事变没有他的参与也在向好的结果发展。他的所谓勇气，无非是相信人并没有滑向深渊而已。真正具有勇气的人是这样的人，他由一种关于可能性的焦虑感所激励，努力达到这样的认识：只有尽力去为不可为之事，才能达到可能性。惟有经验过充分实现之不可能性的人，才是有能力承担属于自己的任务的人。

当代人的特征并不仅仅在于他汲取了他的世界的传统以存在的形式所给予他的任何东西。如果他把自己仅仅交给这个传统，他就使自己消失。在一种新的意义上，他是作为个人而依赖于他自身的。由于他不再能够通过汲取无所不在的实体而达到自由，而只是待在虚无之中，所以他就必须自己帮助自己。当超越存在隐藏起来的时候，人只有通过他自己的自我才能达到超越存在。

如果人想要帮助他自己，他的哲学，在今天，就必须去研究当代关于实存的观念。古老的对立，即各种形成对比的观点，如个人主义与社会主义，自由与保守，革命与反动，进步与倒退，唯物主义与唯心主义等等，都不再是有效的了，虽然它们仍然被当做旗号或用做攻击性的词语。过去，似乎必须在不同的哲学之间作出选择，但现在，对种种哲学的接受已不再是达到真理的道路。人们的视野和认识已扩展到一切可能的事物上，而今天这种扩展已达到无限的程度。但是，在这种无限的扩展中仍然有一种不容回避的选择：一方是虚无，另一方是人自己的基础的绝对历史性。后者是同关于一种无可避免的界限的意识相一致的。

对人的实存问题的解决，将使我们摆脱被固定下来的各种供选择的哲学的客观的教条主义。但是，这个问题本身却绝不是那么清楚的。

人始终不仅仅是他关于他自身的知识。他现在如此，但并不永远如此。他是一个过程。他不仅仅是一种现存的生命，而是在生命中包含着这样的可能性，即通过他所拥有的自由，他要用他自己决定的行动从自身中创造他的将来。

人不是一种代代重复自身的完成了的生命，也不是一种向人明白地显示其自身的生命。人"打破"了恒久重复的、消极的同一循环。他依赖于他自身的主动性，由此，他的生命进程便走向一个未知的目标。

于是，在人的最内在的本性中有一种深刻的分裂。无论他怎样看待他自己，他都必须既反对自身又反对不是他自身的东西。他看见一切事物都在冲突或矛盾中。

人的观点的意义按照他如何分裂自身而有所不同。他把自身分裂成精神与肉体、理智与感觉、灵魂与躯体、责任与喜好;他也把自身分裂成存在与现象、行动与思想、他实际所做的事与他以为自己正在做的事。关键的一点在于他必须始终使自己与自己对立。不存在无分裂的人之实存。但人也不能安于这种分裂。他克服、超越分裂的方法就表现出他对自身所持的观念。

在这方面，我们发现有两种可能的情况。这两种情况都必须得到充分的讨论。

人可能使自己成为认识的对象。这样，他就把他在日常经验中认做他的生活及其基础的东西当做他的真实存在。他在现象上的所是，即是他的意识；而他的意识是依赖于他者的东西，即依赖于社会环境，依赖于无意识，依赖于生命形式。这类非自身，对他说来即是存在，其本质，对他说来在现象上反映为意识。

这种认识方式的意义在于通过存在和意识的同一而克服冲突。依这种认识方式，在一种无张力的状态中得到完善的纯粹的生活被不自觉地当做可以达到的理想。这样的社会秩序被相信是可能的，即所有的人都在其中各得其所；这样的心灵也被认为是可能的，即其中的无意识一旦被清除所有情结，就能与意识和睦相处；这样的种族生命力也被看做是可能的，即在经过有效的人工选择过程之后，将导致一种健康身心的普遍化，于是所有的人都将在一种完善的生活中得到满足。这些状况（在一种模糊的意义上）被认为既是必然的又是真实的。在这些状况中将不再有任何尘世生活的绝对性,因为绝对性仅仅出自那种自我实存在其中紧紧抓住自身的张力。这种认识方式代表了人的自然存在,它反对个体自我或自我实存,把后者当做某种可悲的、自我孤立的、病态的和夸张的东西。

但是,人的自然存在所反对的道路正是第二种可能的认识所沿循的道路。在这条道路上,人发现自己就是各种张力的主体。这些张力被肯定地看做是生活中不可避免的界限状况的产物,它们由于个体自我的绝对要求而变得显著起来。如果人不再被当做存在(他现在是存在),那么他就发现自己在认识上处于绝对可能性的悬置状态。他在这种状态中经验到对他的自由的呼唤,由于这自由,他能够成为他之可能是者。不过,迄今为止他尚未如是。作为自由,他在存在中召唤出他的隐秘的超越存在。

这条道路的意义在于超越存在。单纯的生活本身是一个谬误。从这个观点看,寻求完全摆脱张力的自由是一种幻想。有这种幻想的人们错误地以为自己已经挣脱了界限状况和克服了时间。世间的一切认识,包括人的认识,都是一种特定的视角,借助这种视角,人发现他的状况的范围。因此,认识是受人支配的,人能够超越它。但是人自身是不完善的,而且不可能达于完善,他被托付给在他自身之外的某种东西。他通过思想所能做到的事只是照亮自己的道路而已。

人尽其所有的认识而仍未发现自己是可以被彻底认识的,所以他就把他关于客体的知识结合到他的哲学过程中去,这样,他就再一次得到了表现,不过,这一次他是通过他自己而获得表现的。他在被迫整个儿地求诸自身时所失去的东西,现在可以以一种新的形式再次对他呈现出来。只有在他对粗陋的生活感到绝望的荒谬时刻,他才把自己作为认识者而看做是一切的根源。如果他进一步认真地思索他自身,他就再一次意识到在他自身以外的某种东西。在这个世界中,他重新把握住了客观性,这个客观性曾经由于人们的漠视而面临僵死的危险或将要丧失于主观性之中;在超越存在那里,他则把握住了存在,这存在,在他自身的作为现象界生活的自由中,曾被他误认作自我实存。

上述两种可能的认识在今天都作为学说而流行,具有为人们所熟知的名称。它们被表述得非常混乱,因为它们尚未获得正确的形式,但它们却几乎是当代人的语言的一个不可分割的部分。

关于人的实存的各种认识将在种种特定的思潮中被把握。这些认识,作为社会学、心理学和人类学,已经成为典型的现代科学。但是,当这些科学声称具有绝对的正确性并自命有能力从整体上认识人的存在时,它们就必须被拒斥,因为它们根本不足以取代哲学。只有当思考人的实存的方式发生革命性转变时,才会有一种正确的哲学产生出来,它就是人们今天所知道的实存哲学。这种哲学在关于人的知识的学科中找到自己的术语材料，但同时又限制和保卫这些学科。它在接近于存在本身这一点上超越了这些学科。实存哲学是关于人的实存的哲学，人的实存又一次超越了人。

第一章
关于人的科学

社会学

　　由于人只有在社会中，通过社会而生存，他的生活、传统以及加在他身上的责任都出自社会，所以，我们必须通过研究社会来研究人的本性。单个的人看来是不可理解的，但社会不是这样。我们不去研究作为个体的人，但必须研究人类的社会制度，这些制度将引导我们去认识人的存在。社会团体、文明的种种形式、一般的人类是人的实存的几个方面。关于这些方面的科学被称为社会学，而这门科学又有多种多样的形式。

　　例如，马克思主义者在科学上相信他们自己能够把握人的真实存在。他们认为，人是他的生活的产物，而他的生活是一种社会存在，这种社会存在被认为是生活必需品借以生产出来的方式。至于一个人的特殊性，则是由他所处的社会地位决定的。他的意识是他的社会地位的功能。他的精神只是树立在物质现实的基础上的上层建筑，这个物质现实就是提供生活必需品的现存方式。种种哲学无非是意识形态，它们之所以产生，是为了给在某一典型状况中居支配地位的特定利益作出辩护。那些共有这种特定利益的人形成一个阶级。阶级随着生产资料的变化而变化。今天有两大阶级：工人阶级和资本家阶级。国家是阶级统治的工具，借助这个工具，其中一个阶级使另一个阶级始终处于从属的地位。宗教是"人民的鸦片"，它麻痹从属阶级的成员，使他们安于从属的地位。但是，阶级的对立在生产资料发展的过渡阶段不可避免。当这个阶段被超越时，一个无阶级的社会将会诞生。在这个社会中，将没有意识形态，因此就没有宗教（宗教只是诸意识形态中的一种）；也没有国家，因此就没有剥削。人类将作为一个联合起来的社会而生存，这个社会具有完善的正义和充分的自由，它将保证所有人的需要都得到满足。在历史的现今阶段，人正向这个目标前进。通过大多数人的意志的积极实践，这个目标终将达到，虽然在目前只是少数向更好的未来前进的先锋人物在主动地促进这个目标的实现。已经把握了自身存在的本性的人从此能够规划自己的发展，能够加速那原本必然的事物的到来。人的存在和人的意识不再分裂，而是统一在一起。由于不了解这一点，人一直依赖于他所生产的东西。现在他将成为他自己的产品的主人。由于他已自觉地达到了关于他的发展的必然过程的科学认识，他将整个儿地支配他自己的生活。对国家或教会的奉献被否定了。把握了自身存在的本性的人，献身于那个将造成一个自由的、无阶级的社会的阶级——无产阶级。

然而，上述整个观点远非一种科学的认识，而只是一种理智的信仰。它遇到这样一个问题：是否它自身也只是一个阶级的意识形态？所以，它只能以信仰的方式所具有的盲目的精神专横来维持自身。当信仰被瓦解时，它便从信仰走向这样的观念，即促使某些人从一开始就把每一种可能的立场都看成是一种意识形态。但这些人是从并非正常的前提出发的。他们指出，一切事物都是相对的，在物质利益和人的冲动以外没有什么东西具有独立的存在。事实上，这种社会学产生不了认识，而仅仅表达了一种对虚无的信念，因为它把自己的标签贴到一切发生的事物上。

马克思主义是最为人们所熟知的社会学分析的一个例子。通过这种社会学分析所作的种种研究，固然达到了特殊的相对认识，但同时仍是对在人的生存方式方面所作的精神斗争的表达。因此，所有这些研究都有一个共同的论点，即只有存在是绝对的。这些研究所赖以维系的论据建立在可变的前提的基础上，所以这些论据本身就是可以随意改变的，可以被置于彼此冲突的地位。在这种所谓的认识中，实际所是的人始终被遗忘了。

当对意志表现的一种客观认识，其意义不仅在理论上与当时的历史状况明确区分开来，而且在生活本身中始终是变革性活动的目标时，才迈出了决定性的一步，即第一次把认识作为认识建立起来并从而把人解放出来。在我们的时代，这一步是由马克斯·韦伯迈出的。

对他来说，社会学不再是关于人的实存的哲学。它是关于人的行为及其后果的科学。他把可认识的关系看做是相对的。他知道，在无限复杂的历史现实中，任何个别因素所具有的有效影响都在可能计算的范围之外。并且，他意识到，关于整体的概念只可能是被当做一个对象而思考的某一方面而已，而不可能是一种关于真实的整体的认识。这种相对主义的认识保留了人的独立。正是人本身才规定了各种认知方式的可能性和界限。他把握住他的生活状况的可认识性，但是他并不让他自身消失到现存的和可以被认识的事物中去。这种心智态度要求那些可能的见识——尽管是相对的——能够成为一种实际的财富，即当人们要负责任地作出行动时，它们应能立刻呈现。但是，这种态度拒斥这样的想法，即以为人的责任可以推给某种被认为具有客观正确性的教条主义认识。它要求承认在这个世界上真正的行动所包含的危险。

心理学

在过去，心理学曾是生活的观念大厦的一个构成部分。它在形而上学原理的帮助下从事建构性的工作，描画心灵的种种要素和力，并通过日常观察材料和列举明显的事件来说明这幅心灵的图景。在 19 世纪，心理学成了种种感觉和心理材料的堆集，这些材料通过各种关于底层无意识的理论而被松散地联结起来。它纠缠于一大堆细枝末节的事实材料中，愈益倾向于成为纯粹实验的事业，只关注无关紧要的事情，最终只算得上是一门科学的萌芽。克尔恺郭尔和尼采曾经给它展示出新的深度，使它可以成为在实存哲学的层面上传达思想的工具。完全未曾预见到的经验发现则从动物心理学和精神变态学领域那里添加进来。对一切事物所作的某种心理学解释统治了小说和戏剧。

这是缺乏某种精神的心理学，是各种各样学说和经验材料的大杂烩，其中有哲学的冲动和客观的研究，也有对意识流的描述和对无意识的思辨，总之，是头脑的一大堆杂乱无章的东西。在这一大堆混乱的东西当中，没有任何一个研究者曾证明自己有能力解开乱麻，有能力通过研究可知的东西的内在关联而使其进入和谐，或者通过在方法论上把可知的东西的范围限制在经验的、客观上可信的和相对的认识之内而使其协调一致。

心理学最后成了这个时代的总特征，因为它采取了一种特别能代表我们时代的形式，即由西格蒙德·弗洛伊德所创立的精神分析学。这种学说虽然成功地唤起人们去注意在精神变态学领域中以前被人忽视的事实，但仍然有这样的缺陷，即未能使这些事实具有无可辩驳的可观察性。尽管现存大量的精神分析文献，精神分析学仍然缺乏足够的、令人信服的个案记录。它的领域局限于那些只是看上去有理的事情，局限于那些可以暂时地给人以深刻印象的事情，可是这些事情的意义却不是科学外行们所能理解的。

精神分析学搜集并解释梦、语误、错失、非随意联想，它以这种方式探测那决定有意识生活的深层无意识。人是自己的无意识的傀儡。如果让明亮的光线透入无意识，人就能成为自身的主人。无意识中包含了基本的冲动，这些冲动是以"力比多"一词来理解的，而其中首要的冲动乃是性的冲动。然后必须加上权力意志、自我肯定的冲动以及死亡冲动。这些就是精神分析学家们的教导。但是，他们的学说却从来都不是统一的，甚至未曾在一个短时期中露出统一的迹象，这样，他们便不能从关于某一问题的清晰陈述出发去进展到富于结果的经验研究领域。精神分析学家们居然以经验主义者自诩，这样他们便可以在提出无限多的材料的同时，年复一年地重述那些在根本上是相同的内容。一个诚挚的思想家所作的自我审察，在经过了漫长的基督教时代的停顿之后，终于在克尔恺郭尔和尼采的身上达到了顶峰，可是，现在却在精神分析学中堕落而为关于性的渴望及典型的童年经验的发现。这是对真诚而充满风险的自我审察的遮蔽，其方式就是仅仅去重新发现在一个所谓必然性的领域中的通常类型。而在这个必然性的领域中，人的生活的较低的层面被认为具有一种绝对的有效性。

因此，在精神分析学中聚集了各种各样的要素以向困惑的群众表明人实际上是什么样子的。那种从人的种种人性方面去肯定人的本能的愿望便得到了满足。这种学说的用途在于它是现实所是的生活的自我辩护，它把力比多以及其他本能或冲动看做是真正的实在，就像马克思主义者把物质利益看做是真正的实在一样。当然，它们的确是真实的。但是，我们必须给它们规定界限，并且必须学会把人的实存理解为某种不同于它们的东西。精神分析学之未曾明言的逻辑结论在于让人意识到（而不是明确构造出）这样一个理想：人将从分裂与压力——人通过这种分裂与压力原是可能达于人自身的——那里摆脱出来，返回他在其中不再需要成为人的那个天性。

人类学

人类学涉及的是可见的人在其起源上的本质。它要研究的不是一种普遍的人类心理，而是人的存在类型，这种类型同时又是个人的具体存在。人类学是在独特个体的生命力中把握其独特性的方法之一，这种个体的生命力即是其体格、种族、性格和文明的精神。

人类学家反对一种仅仅思考无现实性的、想像的精神的唯心主义，也反对关于历史的唯物主义解释，因为这种解释把人还原为单纯的功能。人类学家们相信自己能够发现人的真实存在。

被如此设想的人类学是通过关于人种的基本概念而使自己聚合成一个整体的。体质人类学在目前实际上散布于全球的各种人种中研究人体的构造和功能。人类学家精确地测量了大量人类个体，还获取了有关他们的外貌的其他观察资料。但是，就对于人的存在的认识而言，人的肉体特征仅仅在这些特征被看做是人的本质的外观表达时才是有意义的。对这种表达的理解是人类学的真正源泉，因为人类学研究的是人的实存。在体貌学、手势研究、笔迹学以及文明形态学中，我们可以发现有一种方法论上的相似态度，即对人的存在作直观想像上的理解的态度。人的存在被表达在肉体形式的客观性中，表达在人类个体以及民族的活动方式与工作的客观性中。

在这些方面的著作（其中许多都是有名的著作）中，这种人类学的想像已变得非常具体。我们在其中发现了有说服力的客观知识与直观表达主义的理解之间的混杂，这使读者以为前者的正确性即等于后者的正确性。作者做了一个又一个的测量，可是作者所真正看到的东西却超出了一切测量和数量陈述的可能性。资料是被传达了，但是，与所传达的事实资料在实质上相一致的意义却仍告阙如。因为表达主义的想像并没有成为有说服力的认识，而仍然只是一种可能的认识而已，而且这种想像本身也是一种对于如此思考事物的人的本质的表达。对这样的人来说，出现在表达中的东西，不仅有自然的资料，而且有自由的存在。

人类学的观点把精神想像的种种可能性包括进来，但已经为这种精神想像所把握的东西又很快退化为一种自然主义的存在。人类学思想受到生命持续期标准的统治，受到成长和死亡范畴的支配，它有一个不自觉的假定，即我们有能力养育、繁衍或者说生产人，能够完整地把握住他们。对于人类学家来说，人种的多样性并不是一个出现在实存的历史性和命运中的现象。

推动这种人类学的动力并非来自为人的一般的通常形象作辩护的愿望。相反，驱使人类学家从事其研究的是一种对高贵的爱和对人类低劣形象的恨。因此，人类的某些面貌被当做模范，某些面貌则被视为模范的反面。在观念上则形成了我们乐于趋近的类型和我们避之惟恐不及的类型。民族的类型、职业的类型、体格的类型被客观地加以区分，但是这样的区分始终是由隐秘的爱和厌恶所引起的。

另一种推力则是那想要在可能性的王国中达到人的自我认识的冲动。人以一种新的观点来看自身，他不满足于研究自己周围的同类。职业、党派和民族的区别被忽略不计，因此，相距极远的人之间可以形成最密切的联系。人开始承认这样一种亲属联系，这种联系被客观化为一种高贵人种的形象。

这一过程似乎正走向实存哲学，但是它与后者之间有巨大的鸿沟，因为它把对存在形成认识这一点看成是绝对的。在它当中隐含着一种贬低人的自身存在的冲动；拥有自由的存在被降格为一种纯粹被给予的存在，被等同于物种的存在。人以存在的资格而把自己看得更高贵一些的倾向，或者由于不太高贵而否定自己的权利的倾向，都是对自由的阉割，因为它们都把自由置入了一种自然主义的必然性中。

在考察社会学、心理学和人类学的时候，我们满足于在每一个领域中只考察一个特定的例子，因为马克思主义、精神分析学和人种学理论都是现今传播最广的人类自我蒙蔽的学说。随着群众生活的形成而开始盛行起来的直接的、野蛮的喜恶都在这些学说中得到了表达：在马克思主义中，表达了群众需要共同体生活的方式；在精神分析学中，表达了群众追求纯粹的生活满足的途径；在人种学理论中，表达了群众希望借以胜过他人的那种范式。

所有这些学说都包含了某些真理，但这些真理迄今为止都未曾得到尽可能纯粹的阐述。《共产党宣言》对经济与社会之间的可能的相互因果关系给出了一种新的阐发，谁未曾受到过它的吸引呢？每一个精神病理学家也都知道，精神分析学曾给他以窥探真相的新视角。人种学理论中的某一有效概念虽然尚非现实，却也可能在一定的时候成为在全体人类的未来中起决定性作用的东西。但它是什么以及将如何发生，其中包含怎样的可能性——这一切都尚不清楚。而最为要紧的则是那些已从马克思主义中演化出来的特定见解。

没有社会学，就不可能有合理的政治努力。没有心理学，就没有人能够成功地排除他在同自身交往和同他人交往时所遇到的大量困惑。没有人类学，我们就缺少对于我们自身隐匿的基础的意识。

但是，不管怎样，认识能及的范围是受到限制的。任何社会学都不可能告诉我，作为命运，我意欲什么。任何心理学都不可能向我表明我之真实的所是。人的真实存在也是不可能作为一个物种而被哺育出来的。在所有的方向上，我们都到达了所能筹划和所能创造的界限。

认识，确实是我们能够用来努力促成被希望的生活过程的材料。但是，人只有在他能够把真正的认识与单纯的可能性区别开来时才是诚实的。无产阶级专政的理论，精神分析学家的心理治疗处方，优生学家关于培育超人的可能性的观点，因其各自内容的暧昧不清，总是成为一些蛮横无情的要求，这些要求一旦被实行起来，就立刻会产生与其倡导者的意愿大相径庭的结果。

马克思主义、精神分析学以及人种学理论（优生学）具有特别的摧毁性！正像马克思主义认定一切精神生活无非是树立在物质基础上的上层建筑一样，精神分析学也认为自己能够把这同样的精神生活揭示为被压抑的冲动的升华。按照这两种看法，那仍然被当做文明和文化来谈论的东西，就像是偏执狂病症的产物。人种学理论（优生学）则先已包含了关于历史绝对没有希望的观念。对最优秀者的消极选择很快就会导致真正的人的实存的毁灭。或者，由于人性的基本特点，虽然通过这一人种混合过程可以形成巨大的可能性，但在这种混合的终点，将在几个世纪以内即形成一种苍白而没有生气的平庸生活，而这种生活将使自身持续无限长的时间。

所有这三种思潮都倾向于毁灭对人一直有价值的东西。首先，它们毁灭任何无条件的东西，因为，它们作为知识，以一种虚假的绝对性自诩，而这种绝对性将其他一切事物都认作是有条件的。不仅上帝是必须被废黜的，而且一切种类的哲学信念都必须被废黜。对于最崇高的和最低劣的事物都以相同的语言来表述，对它们进行估量，然后发现其缺陷，以便把它们都驱入虚无中去。

上述三种思潮与我们时代的普遍情绪相一致。凡现存的事物都必须被破除，这或者是为了给某种未知的新事物留下生长的空间，或者是为了清除一切残骸。对它们来说，新颖成了才智的尺度。共产主义是一条道路，弗洛伊德主义是另一条道路，优生学也是一条道路，它们无疑都在向某一理想前进，但这种理想是指向这样的未来的：在其中，理智和现实将取代幻想和神性而行之有效。它们将转而反对任何拥有信仰的人，不管他拥有的是什么信仰。它们将在各自特定的含意上来"揭穿"这种有信仰的人。它们提不出什么证明来，而只是重复那些比较简单的解释方法。就它们自身也是一种信仰的表达而言，它们是无法被反驳的。它们所信仰的乃是虚无。在它们的信仰中，它们狂热地相信教条主义，用这种教条主义紧紧抓住那些替它们掩饰虚无的存在形式："存在着的两大阶级——资产阶级和无产阶级"，或"冲动、本能及其变异形式"，或"人种"。至于这些理论的倡导者个人则可能实际上持有完全不同的信仰，却只是未能理解自己而已。

第二章
实存哲学

　　社会学、心理学和人类学谕示：人应被看成一种客体，关于这种客体可以形成某种知识，而这种知识将使通过有意识的安排而改变这个客体成为可能。通过这种知识，人们确实知道了一些关于人的事情，但是并没有知道人本身。人，作为一种被赋予自发性的造物所具有的可能性，反对被当做单纯的结果来看待。社会学、心理学或人类学都能够把个人转变成某种东西，但是，个人并不毫无保留地将这类转变接受下来。他把可认知的实在理解为某种特定的和相对的东西，以此，他便使自己从各门科学对他所确定地形成的知识那里解放出来。他发现，对于被认知的存在作教条主义式的自我肯定，僭越了可知者的界限，而这种僭越只不过是对真正的哲学的欺骗性的替代。他还发现，那些想要逃避自由的人在关于存在的伪知识中为自己的行动寻找辩护。

　　人在每种状况和各行各业中的活动都需要有关于事物以及关于作为生命的他自身的专门知识。但是，单独的专门知识本身绝非是充分、足够的，因为专门知识只是通过占有知识的人才变得有意义。我为知识所确定的用途主要是由我自己的意志决定的。最好的法律，最值得赞美的制度，最可信赖的知识，最有效的技术，都可能被人们以彼此矛盾的方式来运用。如果人类个体不使它们成为一种实际的、有价值的实在，它们便毫无可用之处。因此，事物之现实状况的变化不可能单单是由专门知识的进步所引起的；只有通过人的存在，现实才可能被决定性地改变。起决定作用的乃是人的内心态度，这态度即是人思考其世界并对之形成意识的方式，也即是人的种种满足的基本价值。而人所要的种种满足，则是他的行为的根源。

实存哲学乃是这样的思维方式：通过这种思维方式，人力求达到他自身。它也利用专门知识，但同时又超越专门知识。这种思维方式并不去认识客体，而是去阐明和实现思维者的存在。通过超越关于世界的那些坚执于存在的认识，它被带入一种悬置状态（即采取了一种对世界的哲学态度），从而，它诉诸它自身的自由（即去阐明实存），并通过召唤超越者（即通过形而上学）而为自己无条件的活动赢得地盘。

这种实存哲学不可能通过任何一次特定的工作而圆满完成，也不可能作为任何一个思想家的生活而达到确定的完善。它在现代，是由克尔恺郭尔所创始的，并通过他而得到广泛传播。克尔恺郭尔生前只在哥本哈根引起关注，不久便湮没无闻。世界大战前不久，人们又开始谈论他，但是，他发生强有力的影响的时期还只是刚刚开始。谢林在自己的哲学思想发展的后期也踏上了实存主义之路而给德国唯心主义划下了一道裂缝。不过，正当克尔恺郭尔劳而无功地寻求一种交流方式，并为此目的而利用假名的技巧和所谓"心理实验"方法时，谢林却在唯心主义的体系化中葬送了自己健全的冲动和观点。这种体系化是他在青年时期即已形成的，他终究未能摆脱它。克尔恺郭尔有意识地使自己关注哲学最根本的问题，即交流问题，他力图达到一种间接的交流手段，实际结果却是形成了一种奇怪的缺陷（不过，这种结果仍能激发读者）。至于谢林，则几乎未曾意识到自己正在致力的目标，他的意义，只有那些已得到克尔恺郭尔启发的人才可能发现。尼采之迈上通向实存哲学的道路，并不依傍这两位较早的思想家。盎格鲁-撒克逊的实用主义则意味着一种初始阶段。实用主义在抨击传统唯心主义的时候，似乎正在奠定新的基础，可是，在这种基础上它所建造的东西却只是对生活的粗陋分析和浅薄的乐观主义，只是表现了对现存混乱的一种盲目的信心。

　　实存哲学并不能发现任何答案，它只是在根源于现时代的众多思想彼此交流时，才成为现实的。它是适合于这个时代的，不过却已经是在自己的失败中，而不是在成功中才更引人注目。它已经被那种过早的骚动所淹没，因为人们总是以这种过早的骚动来迎接进入当代世界的每一件有意义的事物。

实存哲学一旦再次包含某种相信我们知道人是什么的信念，就会立即死亡。它会再次提供研究人的和动物的生活类型的纲领，再次变成人类学、心理学、社会学。只有当它所关注的对象没有被确定下来、没有被划定分明的界线时，它才能有某种可能的意义。它唤醒它自己并不知道的东西。它作出阐明，提供推动力，但是并不在某一点上固定下来。对于走在正确道路上的人来说，它是这样一种表达：由于这种表达，他能够始终坚持他的方向。它是赋予他在整个生命中捍卫自己的神圣实现的力量的工具。

实存哲学也可能流于纯粹的主观性。这样的话，个体自我就被误解为自我的存在，而自我的存在则唯我主义地限定自己为生活——仅仅是生活，并无生活以外的其他愿望。但真正的实存哲学乃是提出追问，今天的人通过这追问正再次力图达到他的真正自我。因此，自我显然只有当人们为它而斗争时才被发现。同社会学、心理学和人类学思想相联系的偶然性，会使自我蜕变为一种诡辩的伪饰。它如今被指责为个人主义，被用来为个人的寡廉鲜耻辩护，成了一种歇斯底里的哲学的可怕基础。然而，凡是在自我仍然是真正的自我的地方，凡是在它仍然对自身保持真实的地方，它就是惟一能够促进一切使人真正成为人的事物的力量。

实存之阐明并不指向任何目的，不会导致任何结果。意识的澄明激发起种种要求和主张，但并不完成什么。我们作为认识的存在者，必须承认这一点。因为，我并不是我所认识的内容，我也不认识我是什么。我并没有认识我的实存，我仅仅能够发动澄明的过程。

当实存被显现出来时，关于人的知识的界限就被人们所认识，这时候，这种知识在原则上已走到其终点。对实存的阐明超出了这种知识的范围，因而必定总是不能令人满意。在阐明实存的基础上，当我们尝试一种形而上学时，我们就进入了一个新领域。如果形而上的客观世界之创造或者存在的根源之显现同实存相脱离，那么，这种创造或显现就是空无。从心理学上看，这种创造只是派生，它由种种幻想的形式和奇怪地流变着的思想所组成，它的内容是叙述和构造存在。这些形式和内容一旦面对力求获取全面知识的努力，就消失得无影无踪了。在全面的知识中，人赢得了平静，或者说廓清了自己的不安和危险，这时候，真正的现实似乎已向他显露自己。

今天的形而上学导论，就其实际存在的情况看，同一切哲学一样混乱。不过，尽管它们的可能性更为狭窄，却也许已变得更为纯粹。由于富有说服力的经验知识是确凿无误的，形而上学就不再可能遵循科学思维的方式，而必须向另一种完全不同的方向前进。因此，它已变得比以前更加危险。它很容易导致同对科学和真实的拒斥相伴而生的迷信，或者导致那些无法向前迈进的人的困惑，这些人虽然想要有所认识，却发现自己没有能力认识。只有当这些危险已被人们从实存哲学的立场来看待和承当时，关于把握住一种形而上学价值的自由思想才成为可能。几千年的历史已向人类显示的关于超越存在的内容，一旦被容纳到一种改变了的形式中，将会再次变得清楚明确起来。

第五篇
人类可能的未来

第一章
无名的力量

　　无名力量的问题不是关于未知事物的问题。人们发现和认识未知事物，然后必然又遇到再次困惑探索者的新的未知事物。只有在未知事物的范围之外，只有在同未知事物的对比中，人才可能遭遇到不可理解的东西，即，不是暂时地未知，而是根本无名的东西。无名的东西是不可能被理解的，否则，它绝不会是无名的。

　　不知名者，无名者，不仅是人的真实的存在——不过，它易于消失于离散之中——而且是真实的非存在。这种非存在看来却要求占有整个生活领域。关于无名力量的问题乃是一个关于人的实存自身的问题。

　　如果对无名的描述想要成为知识，那么这种描述就会使无名终结。我们这里的描述不是要弄清楚无名是什么，而仅仅是诉诸可能性。

自由的颠倒

现代诡辩所表现的种种形式是读者们必须记住的。这些形式就是，在神秘化中所造成的模糊混淆，貌似真诚的反叛，以及意见与意志的无确定性。它们都是被用来捍卫生活秩序的存在的，或用来不费吹灰之力地直接否定其存在。它们已经创造出一种气氛来误导个人的生活，使个人生活从自身中逃遁而进入一种为了普遍福利而得到承认的活动形式中去。在生活秩序中，种种利益从各个方面提供给我，以使我放弃个体自我或自我表现的权利。

仅仅与特殊的具体状况相关的实证主义却在"新实证主义"的形式中被绝对化，这样，它就成了一副面具。人们可以在这副面具下掩盖自己的空疏贫乏：个人被仅仅当做是一种被实现了的功能，他在无限空洞的形式中丧失了自己的真确性。人们开始害怕用自己的语言说话，害怕自己的愿望和情感。除了技术上的问题以外，其他一切均不再留存。而且，当技术问题被处理之后，随之而来的便是沉默无言，但这并不是一种意义深刻的沉默，而只是空虚的表现。人似乎但愿能放弃他自己，但愿投入自己的工作就好像投入到遗忘之海中去一样，但愿不再是自由的，而只是"自然的"——仿佛"自然"即等于某种被技术把握住了的东西。

生活秩序的普遍利益要求和平，但这种和平的形式是犹豫彷徨，避免作出决定。因此便有两种意愿之间的隐秘的斗争：一方面是希望能就真实的存在作出决定；另一方面是希望摆脱所有的麻烦和努力，即希望在不变的形式中继续现存的生活。这样的和平同样也会造成使人的实存不再具有可能性的困境。但是，生活秩序却对于这困境心安理得，因为它的信念是，只要不存在对真正的决定的要求，便万事大吉。

然而，人不可能放弃他自身。人，作为自由的可能性，就必定要么成为自由的真正实现，要么成为自由的颠倒。但在自由的颠倒中他永远得不到安宁。陷于自由的颠倒中的人，其枯萎起自根部。在此，我们仅仅讨论这种颠倒和枯萎的最初结构、它的转变形态以及它的言辞文饰。

在自由的颠倒中，人转而成了自由的敌人。虽然那种对他来说作为一种可能性而实存着的存在，是他内心深处所隐秘地爱着的东西，他却被迫在任何遇到它的场合中去摧毁它。他的隐匿的尊崇转变为更为深刻的仇恨。他利用生活秩序证明：他可以对自由发表似是而非的论点，他可以根据生活机器的力量毁灭自由的实在性。但自由本质上是斗争，它并不是要平息争斗，而是要强化竞争。它不是要默认什么，而是要推进公开的表达。然而，对自由的无名的敌意却把精神的斗争转变成了对异端思想进行审判的精神沦丧。这种无名的敌意扔弃了个体自我，所以它在应该组成一条坚强的阵线时却临阵脱逃，它只能抓住最初的机会去阻挠自我的表达，或者凭借某种官方权力的审判来摧毁自我的表达。个体自我未经审视即被宣告有罪，被置于受蔑视的地位，对于最内在的行为之源进行研究，本来属于真正的交往范围，但在这种情况下却变成了将个人私事公开呈示以让公众加以谴责的做法。一个人只有背弃了他自己的可能性，才可能接受得了这种审讯式的查问。可是，在一个缺乏交流的世界里，这样的查问竟不时地以一种惊人的方式出现。

在自由的颠倒中，关于纯粹的生活秩序所具有的相对性的真正意识，关于自由在其超越存在面前的虚无性的真正意识，都转变成对一切的否定。一个人对自己的生活不满意，这种隐藏着的毒素（对此生活秩序提供不出任何解毒剂）使生活成了单纯否定性的诅咒，而不是积极的行动与工作。当染上这种毒素时，我的全部愿望就在于躲避一切现实事物，以便不负起正视它们的责任。对时代状况的批判原是有道理的，因为人在这种状况中受到了威胁，但是现在，这种批判成了一种令人感到惬意的否定一切的怀疑论过程，好像由无能的人讲出的否定的话就已经是生活了。把这个世界击成碎片（尽管这些碎片还保留着，以便再次被击碎）是这种否定、这种虚无主义的惬意的目标。自我意识既已投降，它便被消极地寻求着。由于本能的生命冲动，我们虽然是虚无的，却仍想保持住自己。我们以一种极端的诚挚把自己打扮起来，但这种诚挚在根子上仍属虚假。所有那些曾在几个世纪里是时代意识的组成部分的思想，现在都不得不充当这类消极否定的观点和言论的装饰物。

诡辩者

每一种关于颠倒的确定的观点都过于简单，因为诡辩式的生活所造成的颠倒是无所不在的。凡在即将把握住这种颠倒的那一刻，这颠倒就已经历了一种新的变态。诡辩者——其可能性是由生活秩序造成的，是对在这个秩序中生活的人的未来的一种无名的警告——只能被描述成一种无休止的颠倒。在每一项对他的完整描述中，他所获得的形象都不免过于确定。

然而，他却从来不表现出一种显得十分自然的、不证自明的面貌。他熟知各种各样的可能性，所以，一当机会出现，就时而抓住这个可能性，时而抓住那个可能性。

他总是表现为一个合作者，因为他希望自己永远是随时有用的。他努力避免任何根本性的冲突：只要还有路可走，这种冲突就绝不会在任何层面上明白地显露出来。一种无所不在的相互联系起了虚饰作用，在这种虚饰的掩盖下，他所要的仅仅是生活而已。他甚至没有能力拥有真正的仇恨，因为，真正的仇恨乃是在一个更高的存在层面上产生的，即产生于为反对在这同一层面上的他种可能性而进行的探求性的命运斗争。

当一切事物都成为他的对立面时，他会往后退缩，以屈求伸；一旦环境稍有缓和，便又采取进取的态势。即使在前景最暗淡的时候，他都能找到一条有利的道路。他在一切地方都建立起关系，以为自己必定总是受欢迎的，以为每一个人都会乐于促成自己的愿望。当遭遇到有力的抵抗时，他善于以柔克刚；当居高临下时，他又残忍而不忠诚；他在无需付出任何代价的情况下可以情意绵绵，在愿望受阻时则伤感无比。

如果已赢得强有力的地位，他就会一改其谦卑态度而变得不可一世，藐视一切包含真实存在的事物。他表面上慷慨激昂，其实仇视人心中崇高的东西。因为，无论发生什么，对他说来，不变的目标总指向虚无。他并非仅仅承诺虚无的可能性，而是对虚无抱有真正的信仰。每当他面对真实的存在，这种信仰总是促使他努力以自己的方式去确认其为虚无。因此，尽管他拥有极为广泛的知识，他却没有尊崇、没有羞耻、没有忠诚。

他情绪化地表达根本的不满，同时又采取英雄般忍受着的姿态。毫无实质内容的冷嘲热讽是他喜欢采取的态度之一。

他没有个性，也不恶毒。他脾气很好，但心中又满是仇恨。他待人亲切，同时却冷漠无情。他无丝毫真挚可言。他的品行仅有细小的瑕疵，偶尔玩一些小小的骗术，但仍然是可尊敬的和体面的，当然绝非因崇高而受到尊敬。他甚至不是一个始终如一的奸雄。

他从来不是一个诚实的、直率的敌人，他并不坚定不移地坚持自己的立场。他总是健忘，绝不懂得责任的内在含义，虽然"责任"一词老是挂在他的嘴边。他没有绝对的存在那种独立性，有的只是非存在的散漫不居，与此同时，却又不时地有一种经常变化着的自我肯定的强迫。

他在理智主义中找到自己真正的家。理智主义使他感到舒适，因为，只有凭借理智主义，他才能顺利地坚持把思想之流看做非思想的东西。他歪曲一切。他由于缺乏个体自我而从未能使科学成为他自己的东西。他因状况的变化而摇摆在迷信科学与迷信反科学的事物这样两种态度之间。

他对讨论具有热情。他用词庄重而肯定，态度激进，但从不坚持自己的立场。无论什么人对他讲什么话，他都接受。别人的意见（他所接受的）必定同他自己的意见一样有道理，不过，最好的事情莫过于在这两种意见之间找到一种实际起作用的妥协。从表面上看，他与别人的看法完全一致，但着手行动时，他却只按自己的方式行事，仿佛什么都未曾讨论过似的。

当他遭逢到一个自我实存的对手时，他就特别地不安起来。对于这样的对手来说，理智主义并无实在的意义，而只是作为现象存在的工具才是有效的。因此，遇到这种对手，对他而言，就如同他的生活的正确性受到了威胁一般。他于是不断改换自己的观点，把讨论转向一个新的层面，暂时地坚持完全的客观性，不久又陷于自己的情绪中。他进一步地求诸某种公式，似乎公式必定体现真理。他时而悲哀，时而愤怒，从来不能保持相同的心态或始终如一的目标。可是，不管发生什么，他都宁愿被摧毁而不愿从舞台上消失或默默无闻。

在他看来，每种事情应得合理的处理是最为重要的。他无例外地接受种种思想方式、范畴和方法，但只是把它们当做说话的形式，而不认为它们体现了实在的认识运动。他的思想具有演绎推理的一致性，所以，通过运用每一个思想家都熟悉的逻辑工具，他可以获得一时的成功。他利用辩证法，这样，他就可以使一切言论都进入巧妙的对立之中。他热衷于直观和范例，从不追究事物的根本。他沉湎于粗陋的推理，因为他总是只谈论结果而不关心真正的洞见。他希望同他交谈的人都是健忘的。他振振有词地表白决心，情绪之激昂掩饰了他的鳗鱼般的油滑。他油滑地避开任何可能给他带来麻烦的决定。他无论肯定或拒斥什么都恰如随心所欲。他所说的话毫无价值，因为与时代的新进程没有联系。谁同他交往，都恰似一头扎进了无底深渊。他的言辞一无结果，全是空洞的废话。那些同他交往的人只是在浪费时间和精力。他在内心深处由于意识到自己的没有价值而感到恐惧。但是他又不愿意实现一次飞跃以达到自己的真实存在。

这样的描述可以无限继续下去。这些描述都围绕一个中心，即一种无名的力量。这种力量很可能在暗地里支配着所有的人，它或者要使我们都变成它的一部分，或者要把我们从生活中排斥出去。

关于时代之实在的问题

什么是当代的真实存在？哪一种作为生活的存在行将消亡，而哪一种存在尚在萌芽状态？这两者如何成为人的实存的未来基础？这些问题正像诡辩者的存在一样，几乎不能为知识所把握。诡辩者的存在是在一个无声的王国中的，所以它始终不易为我们所发觉，哪怕属于这种存在的人扮演着某种公共的角色也是如此。只有当这样的人自己与存在相联系，也就是说，他通过他自己的自我实存而看到了存在，每一个同他相遇的人才能发现这样的存在。

关于时代之实在的问题，既不能回避，又无法回答。在这里，除了怀疑和提问，我们不可能发现任何其他东西。

我们怀疑这一实在是否有一种公共的实存，从而人人都知道或能够知道它，而报纸则每天刊印着说明它的文字。因为这一实在可能隐匿在事物外观的背后，可能存在于仅仅是少数人可以到达的地方，至于在自己的活动中曾经达到这一实在的人就更为罕见了。它也许是一种无人想到的生活，因为没有人真正意识到它。

我们怀疑，在那种影响极为广泛因而人人都能参与的事业中是否能够存在某种精神的运动。也许，这种向一切人的开放性，只不过是过去的某一运动的延伸，而这一运动现已僵化而为种种的客观性，甚而属于娱乐的目的。精神的运动不为群众所知，它们可能始终都是在不可见的思想领域中进行的。如果说人们从精神运动那里获得了指导的话，那么这种指导作用是间接的，即提供种种决定的动机。精神运动的意义在过去或今天都不是对于所有人都十分明显的。人人都能理解的事情乃是以世俗制度所实现的生活基本必需品的供应、以语言来实现的通讯交往的方法以及各种各样显而易见的事物。但这类事情都不是我们在此所要讨论的。

关于何为真正的成功，即有疑问。世俗的成功十分显然，它或者是受到公众赞扬的程度，或者是所发表的言论有明显的效果和正确性，或者是特权地位的获得，或者是发财。追求世俗成功的人之所以要追求，是为了发展他的生活的种种条件。但是，成功要成为一种真正的成功，就应该是这样的：对发展了的生活条件的支配要成为服务于真正的个体自我的手段，要有利于那通过所有使人真正成为人的事物才实现的生活发展。

凡对当代的概略的描画，都绝不是单纯无条件地描述当前。每一个人都生活在一个具有种种未知的可能性的世界里。可以说，这是一条定律：凡人所知者，都已不再属于那具有实体内容的历史的过程。真正的实在几乎是不被注意地发生着，并且在一开始是分散和孤寂的。新的一代总是绝少被人提及。在我们的年轻人中间，那些将在三十年之后干一番大事的人，大多都在默默地等待着他们的时机。然而，尽管不为旁人所知，他们却已通过一种不受约束的精神修炼建立起他们自己的实存。他们具有一种时代感，但是并不冒进。现在要断定谁将是未来日子里的杰出人物是不可能的。一切试图进行选拔的努力都是出于技术理智的可笑的妄自尊大，这种理智尚不知自身的局限。如果我们能够预见什么，那么我们所能预见的将是已经存在着的，将是无须通过一种生活的命运而实现出来的。对于才能、勤勉和可信赖等品质的认识是存在的，但是并没有对于那预示了真实存在和确证了价值的无名者的认识。

无名者是无词的、未经证实的和不严格确定的。它是在看不见的形式中的存在之萌芽——只要它依旧还在生长的过程中，并且世界还不能对它有所响应，那么它就是如此。它好像一束火焰，可以点亮这个世界，也可能只是一堆在一个焚毁了的世界中幸存的余烬，保存着可能重新燃起火焰的火种，或者，也可能最终返回它的起源。

当代人

在今天，我们看不见英雄。我们甚至愧于使用这一字眼。历史性的决定不再由孤立的个人作出，不再由那种能够抓住统治权并且孤立无援地为一个时代而奋斗的人作出。只有在个体的个人命运中才有绝对的决定，但这种决定似乎也总是与当代庞大的机器的命运相关联。群众人只因渴望有所崇拜才为自己树立种种英雄。这些英雄是因为具有这种或那种高超的技艺，或具有冒险的勇气，或赢得了突出的政治地位，才呈现为英雄的。因此，某个人只是一时地成为普遍注意的中心，而当社会的关注转移到另一个人身上时，他就迅速被遗忘。

对于当代人来说，可能有的真正的英雄主义是在并不引人注意的活动中表现出来的，是在那种并不带来声誉的工作中表现出来的。这种英雄主义不能保证得到公众的赞成，即使它由于很好地适应了日常生活的需要而具有自我维持的力量。它不为种种虚假的期待所蛊惑。这种英雄是不会因为听到热烈的赞扬之声而沾沾自喜的。他不会受到诱惑去做那众人都能做的并且一切人都会赞成的事情。他也不会被抵抗和反对所干扰。他以坚定的步伐走着他自己选择的道路。这是一条孤独的路，因为绝大多数人都由于害怕诽谤、害怕其势汹汹的反对而被迫去做取悦于众人的事。极少有人能够既不执拗又不软弱地去依自己的意愿行事，极少有人能够对于时下的种种谬见置若罔闻，极少有人能够在一旦决心形成之后即无倦无悔地坚持下去。由于自我满足的不可能性，一个人自己的存在之不可见性就只有在其超越存在中可望获得一种无法证实的肯定。

如果作为英雄的人总是具有如此的特征，即他坚如磐石地抵御那种几乎是压倒一切的力量（这种力量在每一世代都以其盲目的意志打击踽踽独行的人的意志，它在每一代人那里都以一种它自己独具的方式起作用），那么，今天的英雄就必须面对捉摸不定的群众而保卫自己。个人如果想要在这个世界上继续生活，就不可以向群众提出根本性的问题。他必须默默忍受并且合作，除非他愿意让自己成为群众专制的牺牲品，后者悄没声息地施行着摧毁的力量。群众的力量是由某些个人来体现的。这些人中的每一个都是一个强有力的集团的功能，暂时地表达着和执行着这个集团的意志（如领导者所理解的意志）；一当其功能已被履行，这些个人就再次化为虚无。因为这些个人都只是群众意志的执行人，所以不能把他们当做个人来理解。而现代英雄，作为受难者，将永远发现不了他的敌人，而他自己，作为真实的所是，也将始终是不可见的。

在代表着我们时代特征的怀疑主义中，群众的迷信现象可以说是通过绝望而形成起来的麻木但又狂热盲从的联系。一切种类的先知都只有暂时的成功。而通向独立的道路乃是一种绝对的怀疑主义，即对所有客观地确定了的东西的怀疑。一个寻求独立的人如果表达了真实的存在，那么他与早先时代的先知有着根本的不同。

首先，他并不被认作先知，而是始终隐而不现的。如果他以一个先知而闻名，那么他就会变成一个民众领袖，一个昙花一现的偶像。或者，他会是一个为某一崇拜性的团体创造新形式的人物。真正的英雄知道这一点，所以他将拒绝先知的角色，将不同那些会给他披上先知外衣的人发生关系，因为他的本性不允许他去接受服从。他只能为独立的人所发现，后者通过与他的本性的接触而赢得自我发展。他并不想要信徒，而只要伙伴。只是在作为一切人的生活命运的国家生活中，他才可能想要追随者；仅仅在这个领域中他才会成为一个民众领袖。他只用一种他自己确立的理性形式去做绝少有人真正理解的事情——他做的事情同他本人一样神秘难解。他的本性是间接地起作用的。他不会成为一个被塑造好的形象。他不会立下任何法则、尺度。他并不参与建造生活秩序的种种来而复去的偶像。他的活动是自我实存的活动，是为了自我实存而从事的活动。因为他所创造的生活乃是这样一个要求：以自己的本原去影响别人。

他并不预告未来，而只是描述现存者。他最充分地把握住这个现存者，把它当做存在的一种表现，而并不试图表述任何绝对的神话。

他的形式是可变的；他的客观成就可能是无害的；他的认识可能是模糊的。他的本性显然是谜。一种无限的认识意志的直率性在他那里沉默了，这倒不是因为他想要隐瞒他所知的和他可以说的，而是因为他不想把在实存中的那种因其不确实性而对他来说也隐晦不明的东西硬拖进言辞的王国。这种不可亵渎的无名乃是他的标记。每一个在自己的世界中的人必须留心倾听无名的呼声，而不要因为虚妄的依赖和企盼而再次使其隐而不现。

没有阵线的战斗

无名是真实的存在。只有那些正视无名的人才拥有抵御虚无的保证。但与此同时，无名又是非存在的生活，其力量无可比拟和不可思议地强大，它发出了摧毁一切的威胁。无名，乃是我为了成为一个人而努力与之一起飞升的东西；无名，又是我必须与之斗争的东西——如果我寻求存在的话。可是，这一斗争又再次转化为统一。非存在的生活似乎已经消失，然而它似乎又突然支配了一切。它简直就是一个恶魔，制造着不安，使一个正在斗争的人不知道对谁作战和为谁战斗。当我们遭遇到这个恶魔时，我们除了为生活所自行规定的现存中心而进行严酷的斗争外，似乎别无出路。但是，这一概念本身就是为无名所激发的：无名把一切都包裹在非存在的云雾之中——因为它自己就是虚无。

正像原始人以为自己面对着魔怪，并且相信只要知道这些魔怪的名称就能控制它们一样，当代人也面对着不可理解的恶魔，这恶魔扰乱着他的筹划和计算。所以，当代人这样想："只要我能够掌握它、认识它，我就能使它成为我的奴仆。"在我们的世界里，诸神已被驱走，而虚无的无名之力却类似于原始人所遭逢的魔怪。

明白对手是谁的战斗，是一桩简单明了的事。可是在现代的生活秩序中，在短暂的清晰之后，我们立刻就因阵线的混乱而苦恼。那个刚才还似乎是我们的对手的人，现在却已成了我们的盟友。按照我们自觉估计的客观性而应该成为我们的敌方的事物，反而加入了我们的阵营；那看似真正的对抗势力却放下了武器；一个看似团结的阵线却分裂、瓦解。所有这一切都发生于一片混乱之中，表现为一种动荡不安的交互交换。它使我最接近的邻人成为我的敌人，而让在世界的另一边的某个人成为我的战友。

我们可能设想，这样的状态必定是那如今正展开的两代人之间的斗争的结果。因为，个人不知道自己站在何方，没有人能够知道什么是过时的和什么是未来之实质。时代的本质模糊不清，而误解我们自己、误解现状乃至反对我们自己的真正目的，似乎也是可能的。然而，原不存在什么统一性，既不存在过去时代的统一性，也没有未来时代的统一性。人在其历史中的本质始终是模棱两可的。这并不是某种生活的不安，生活在任何时候都是不完善的。对未来一代的统一性的寻求并不能帮助人。不过，他也许能通过不断揭示无名之力来帮助他自己。无名之力既损害生活秩序，同时也伤害个体自我。

人希望摆脱那些偶然不定的、非所期望的阵线，而进入真正的阵线。他渴望在真正的阵线上斗争。他希望击垮单纯的外围工事，因为这些工事并不是由无所不在的意志筑成的。他很想看到他真正的敌人。那种不可理解的干扰者扰乱了清楚的视野，挫败了意志，模糊了目标。这种干扰者为什么不明白地表达自己？只有当我自己和另一个人在战斗中彼此理解，这种战斗才充满意义。我需要清晰的意识，这样才能发现我的敌人。他不应该躲在我的背后，而当我转身要面对他时却又逃之夭夭。他应该正视我并回答我的挑战。但是，无名的力量总是要滑脱，总是要变换自己的形态。如果我一度似乎抓住了它们，但结果总是发现它们已不再呈现原先的面貌。无名的力量在许多形态中并不表现为力量——如果人不对它们进行抵抗而仅仅将它们置之一旁的话。然而它们很快就出人意料地以一种新的形式出现。它们随时准备表现为敌人或朋友，但无论是作为敌人还是朋友，它们都同样是暧昧不明的。任何一个对每一件事都十分严肃认真地予以关心的人都必定会遭遇到这些幽灵。这些幽灵竭尽全力地要使我们的有目的的生活变得无效。它们悄然损害着人的个体自我。在另一些情况下，人竟同这些幽灵并肩战斗，成为它们的战友，但对此却浑然不晓。

倘若存在与存在之间为生活而进行有实际结果的斗争，那么真正的敌人就找到了。但是，当存在为生活而同非存在斗争，敌人就看不见了。非存在有可能藏在我们背后乔扮成生活从而以无法理解的诡辩形态赢得胜利。

第二章

个体自我在当代状况中的维持

人的实存之类型是一切事物的前提。机器可以被尽可能如你所愿地加以改善，但是，如果缺乏合适类型的人，它就一无用处。如果人不应该在生命的简单维持中垮掉，那么，看来最根本的一点在于他必须面对虚无。他必须回溯自己的根源。在他的历史过程的开端时期，他曾经面临被自然力从肉体上消灭的危险。然而现在，却是他的存在本身受到了他自己建立的世界的威胁。虽然这与他发展过程的未知开端中的情况并不处于同一层面上，但他的整个存在却是再一次危在旦夕。

无论是生活的极度欢乐还是对虚无的坚强忍受都不能拯救他。当然，这两者作为困扰时期的暂时避难是必不可少的，但还不够。

如果人要成为人自身，他就需要一个被积极地实现的世界。如果人的世界已经没落，如果人的思想濒于死亡，那么，只要人不能主动地发现这个世界中的适合于他的思想观念，人就始终遮蔽着人自身。

但是，在个人的自我实存那里将开始那第一次实现自身为一个世界的东西。虽然这一点在一个非精神的生活秩序中似乎已经没有可能，但是，那已暂时消失不见的东西，作为一种纯粹的可能性，依然留存于人心之中。如果今天我们在绝望之中问道：在这个世界里还有什么留给我们？那么，对于每一个人，答案都是：那就是你自己，因为你能。今天的精神状况迫使人——每一个人——去自觉地为自己的真实本性而斗争。他要么维持自己的真实本性，要么丧失它，这就要看他在何种程度意识到自己的存在在生活实在中的基础。

当前的阶段对人提出了广泛的要求，提出了几乎不可能实现的要求。被这种危机夺去了自己的世界的人，必须以他所能运用的材料和前提条件从头再造自己的世界。在人面前敞开着自由的最高可能性，他必须紧紧把握这种可能性，即使在极不可能的情况下。否则的话，他就会陷入空无之中。如果他不走向自我实存之路，那么他就只可能执著于生活的享受而陷入机器的种种驱迫力之中，因为他已不再努力对这架机器作出反抗。他如果不是主动地、独立地去赢得对于自己生活之机械状态的支配，他就必定自己也会降格为一架机器，成为机器的俘虏。他必须通过交流建立起自我与自我间的纽带，并充分意识到，在这样的纽带关系中，一切事情都取决于忠诚或不忠诚。如果缺乏这样的纽带，他的生活就将彻底地非精神化，就会变成一种单纯的功能。他必须，要么前进，一直走到他能够在那里瞥见其超越存在的边沿，要么陷于自我的幻灭之中——这一自我整个地被物的世界所包围。对他提出的种种要求，假定了他拥有巨人的力量。他必须满足这些要求，并且必须发现自己在自我的发展方面能够做到什么。如果他在这一点上失败，他就只能过一种既无人的优点又无动物的优点的生活。

如果抱怨个人的负担太重，或者抱怨那些应该加以改变的环境条件，都是毫无用处的。对于环境条件的有效影响只能来自一定类型的个体自我。如果我只是等待环境的变化给我造成我所能主动而为的事情，那么我就是对我自己的可能性不忠。如果我把那本属于我自己的责任加诸另一个人，我就是在逃避我的职责。只有当我自己成为我所能成为的一切，这另一个人也才可能蓬勃发展。

嫉世或入世

个人内心唤醒警觉的第一个征兆，乃是他所表现出来的与世界保持距离的新方式。个体自我或自我实存，最初即来自他在世中而对此世之反抗。

最初的路径是由疏远世界而进入孤独。自我实存在自我弃绝的否定性决心中不能把握世界之存在，它便将自身消融于可能性之中。它的全部发言都是为了拷问事物。引发不安是它的本质。这种克尔恺郭尔式的方法，作为转变中的一个阶段是不可避免的。但是，如果一个人既已由自己的基础所坚固地确立而又欲致别人于不安，那么，这种做法便是不真诚的。任何一个人，如果他从事一种职业而又积极地抓住了生活，他是教师，拥有家庭，生活在一个由历史的和科学的知识组成的世界里——因为他发现这样的世界更为恰当——那么，他便已放弃了从否定性的决心开始的出世之路。这样的人若要抽取别人脚下的基石，就必须同时告诉别人他自己站在其上的基石。

第二步的路径是导向入世。不过，这入世借助的是第一步的路径所提供的可能性。自我实存若要哲学化，就不可能以无疑问的满足而牢固地立足于自己的世界。

今天，将全部生活都包容到机器中去的过程再也不能避免，生活已变成一个企业，其中的绝大多数人都是工人和雇员。因此，如果期望有一种职业或一种谋生手段可以允许从事它的人独立于他人而活动，便是枉然的。所有从事相同职业或实践相同的谋生手段的人组成利益和劳动的共同体，个人参与这样的共同体，这种参与将保卫他自己的那种被外在地规定好了目的与条件的生活。这种情况如今是不可避免的。当然，仍然残留一些相对独立的职业"飞地"，它们是过去时代的遗迹。无论何时，保留这些遗迹也许总是适当的，因为它们都是从古代传递下来的种种先前的可能性，并且能够揭示一种不可替代的人的实存的类型。不过，对于现今几乎所有的人来说，不可避免的选择总是，要么在一个联合企业中工作，要么消亡。问题只在于如何在这样的一个企业中生活。

一个人与世界全面对抗的可能性，属于一种朦胧不清的诱惑。只有那种在一切现实面前都认定了自己的灾难的人才可能真诚地弃绝这个世界。如果他一方面试图最大限度地利用生活提供给他的有利的经济状况，另一方面又仍然完全地脱离世界而独处，那么他就沉入了一个空洞，在其中他始终还是这个世界的俘虏。他之逃脱世界是不真诚的。他埋怨这个世界，躲避它，只是为了通过对它的否定而仍然承认它的存在。

这个世界的实在是不可回避的。对现实的严酷性的经验，是一个人有可能达到他自己的自我的惟一途径。在世界中扮演一个主动的角色，是一个人自己存在的必要前提，哪怕他的目标是不可能实现的、难以达到的。因此，我们必须努力做到与这个世界的种种力量和谐相处，同时又不为这些力量所吞噬。这个世界企业因其限制于必需事物的领域而保持其威力，因为它作为一种联合起来的努力，促进了人类生活基本必需品向所有人的供应。而这种努力同样也是个人的活动领域：个人之参与这项工作是因为所有的人为了使生活成为可能都加入其中。但是，这种劳动所具有的精神因素同样也包含着对自我实存的恐惧。

把劳动的领域降格，使其只具有纯粹的相对性，这似乎会使一个人在运用其能力时的愉悦荡然无存。然而，正是人的实存才能够在这种乏味的活动中坚持下来而不至于让行动的意志瘫痪。因为个体自我只是凭借这一张力才是可能的。幸亏有这一张力，我们才不是将两个生命领域简单地并列在一起，而是力图让它们彼此互补互成——尽管在两者之间不可能存在一种普遍有效的统一形式可以作为适合于一切人的合意的生活。因此，可以说，我们不得不生活在一个狭窄的山脊上，在山脊的一边是我们可能跌入其中的纯粹的企业，在另一边则是与企业并置的缺乏现实性的生活。

入世的重要性构成了哲学的价值。确实，哲学不是一种工具，更不是什么创造奇迹的法宝，而是贯串于现实化过程的意识。哲学是思想，以这种思想或作为这种思想，我就作为我自己的自我而成为能动的。它不应被当做是某种知识的客观正确性，而应被看做是对在世的存在的意识。

技术的统治权、原始的认识意志、无条件的联系

对于个体自我之入世，应依其可能的走向来思考。这条道路起自技术、经由原始的认识意志、导向无条件的联系。

（a）一个技术化的世界所具有的日常生活的复杂性，要求我在我所能进入的环境中掌握这些复杂性。人对种种事物的关系已经被改变。在这种改变的一个进一步的阶段，这些事物与人疏离了，人所面对的无非是一些可转换的功能而已。技术已使人不能直接"在场"。新的任务就是，通过技术现实化的诸方法而再次达到人的实存在世上所有事物面前的直接"在场"。必须迫使这一被强化了的种种可能性的新的前提条件为我们所用。生活手段的合理化（包括合理地分配我们的时间和合理地节省我们的精力）应该把完全地属于当代的可能性归还给每一个个人（同时，也依靠个人自发的努力），这样，他就能够思考那些属于他自己的事物，能够促使它们成熟，能够真正同它们接触。新的可能性不仅在于以合目的的技术现实化客观地保证对物质的生活条件的占有，而且在于由此而达到一种使我们能不受一切物质方面的考虑束缚的自由。

只要技术的王国已被征服，人对于那些将使他成为改造世界的发动者（或者可以说，成为第二个构筑世界的大建筑师）的发现就具有高度的热情。这种热情特别地属于那些已经进展到力所能及的范围之边缘的那些人。

在技术得到运用的地方，合适的态度总限于这样的考虑：尽可能把所要花费的人力减少到必要的程度；尽量节约时间；周密地设计不浪费能量的机械装置。尽管技术世界有着迷惑人的复杂性，但它也使生活的客观条件和劳动者的生命活动处于一种特殊的平静之中。人们从孩提时候起就得到训练以服从有序操作的规律，这种服从也为个体自我提供了自由的空间。

技术世界看来是对自然世界的破坏。人们抱怨：生活已变得不自然了。人为的技术在其发展的过程中已不得不容忍许多的丑陋，不得不承认与自然的分离。不过，它仍可能最终为我们提供更有效的通向大自然的途径。现代人能够以一种新的意识欣赏太阳的光照和种种自然力的作用。技术使人的生活能在任何地理区域或许多地理区域度过。技术使人在生活中对光、空气以及它们产生的一切现象的享受愈益成为可能。由于每一样事物已变得与人接近和可以达到，所以家的范围已大大地扩展。这种对自然的征服已经增添了身居清洁的自然之中而具有的真正快乐，而我的肉体的活动则能让我役使我的五官去接触、欣赏和热情地感知这样的自然。如果我利用和扩大这种由技术带来的、直接呈示给我的环境展示，如果我始终牢固地站立在大地上（运用这种作为技术工具之一的展示而使自己更紧密地与自然母亲相连），那么，通过这些人工造成的可能性，我就不仅能够更清楚地发现自然的密码，而且能够更好地释读这种密码。

技术化是一条我们不得不沿着它前进的道路。任何倒退的企图都只会使生活变得愈来愈困难乃至不可能继续下去。抨击技术化并无益处。我们需要的是超越它。因此，我们应该认为技术世界是理所当然的现象，也就是说，对于在技术世界中进行着的一切，我们几乎不必给予主动的关注。我们无须使我们的一切活动都更为成功地建立在先进技术的基础之上。相反地，我们应该把我们对于不可机器化的事物的意识提高到准确可靠的程度。将技术世界绝对化就将毁灭个体自我。因此，我们必须从新的角度重新看待技术成就的价值。

(b) 提供人类生活基本必需品的体系，仅仅为了功利目的才需要认识。但另一方面，认识中的个体自我却是一种原始的认识意志。在这里，我们面对的乃是为了认识本身而产生的认识渴望。如果我承认功利是认识的终极标准，我就是放弃了我在认识中的个体自我。反过来，如果认识是因其自身的缘故而被追求的，那么，我在追求中达到的乃是自我意识。

有功利价值的认识，只有作为真正的认识的产物，才是可能的。真正的认识在确凿无疑的现实世界中经历过分离的过程，并且把自身作为某种独立的东西来思考。因此，即使在技术性的生活秩序中，惟一可靠的也还是关于知识样式的一种判定意识，因为在这种意识中存在着划定界线的个体自我。如果缺乏这种判定和划界，就会出现知识与想像之间的混淆。如果具有理性说服力的知识被绝对化，那么一切存在都会被纳入技术的王国，其结果便造成一种误解，这种误解导致对科学的迷信，很快又会导致一切种类的迷信。在这种情况下，人既不能以一种可靠的方式进行认识，也不能真正成为他自己，因为科学只能包括它自身原来所包括的东西。

如果诸知识样式之间的张力继续存在，那就还有未来。在这种状况下，专门的知识将仍是由存在所阐明的，哲学将是由世界的单一性所实现的。个体自我是认识的最高工具。的确，这项工具只是依其认知世界的程度而提供出想像力，不过，它也只有在自身保持活力的情况下才可能产生出想像力。生活，对于个人来说，成了意识到自身是存在的人的责任，并且同时也是认识者的实验。人以观察研究的方式、以合目的的方式、以建设性的方式所做的一切，（就其总体而言）乃是一条他发现自己的命运的奋斗之路，也是他借以意识存在的方式。

(c) 但是，仅仅作为生活的生活，即由不断逝去的瞬间所延续而成并行至其终点的生活，并没有命运。对于这种生活来说，时间无非是一个连续系列而已，回忆对于它并不重要；当下——它与未来之间并无延续性——也无非是片刻的欢娱或片刻的失去欢娱而已。人只是通过联系才获得命运。这联系并不是由外部强力强加给他这个软弱无力的生物的强制性联系，而是被他自由地领悟到的联系，他使这联系成为他自己的联系。这样的联系把他的生活贯通起来，所以他的生活不会被消耗掉，而是成了他的可能实存的现实。如此，回忆便向他揭示他的生活的持久基础；而未来则向他展示这样一个天地：在其中，他将被认为他对今天他所做的一切负有责任。生活无限地扩展。从一个阶段到另一个阶段，他有着他的时代、他的实现、他的成熟、他的可能性。个体自我作为一种希冀成为整体的生活而实存着，并且，作为这样的生活，它只有通过实际行动者才保证着可靠的联系。

历史性的相互联系的消散最终使这些联系成为许多个人的简单堆集，这些个人，作为机器中的功能，是可以任意替换的。这种情况趋向于把人分解为当代现存状况的简单外观。相互联系于是就成了纯粹相对的东西，是可以取消的、仅仅暂时的东西。而无条件的东西则被视为单纯抽象的感伤情绪。在这种实证主义的态度之下，混乱的感觉生长起来。这就是为什么今天的人们持续不断地要求着新的联系，寻求着权威和教会信仰。但是，即使时间能创造出奇迹，真正的联系还是不能人为地建立起来。它们必须是由在共同体生活中的个人自由地产生出来的。如果对于联系的要求仅仅是对于一种服从权威和成文法的人为秩序的要求，那么真正的任务就被回避了，其结果将是，无条件的东西成为不可能的，而自由则被阉割。所以，人面对着两者择一的抉择：要么返回某种使满足人类生活基本需要的机器神圣化的权威形式，从而设法使他那遗忘自我的生活平静下来；要么作为个人而去抓牢这样的基础——在这种基础上，他建造起始终决定生活的惟一的、无条件的东西。

惟有依凭真正获得的东西而生活的人才能在这个世界中保持诚实。这种真正获得的东西是他只有凭借联系才能得到的。因此，对客观联系的反叛，如果是纯粹否定性的，就是不诚实的，最终导致持久的混乱，并且当反叛的目的已经消失时还会持续下去。只有作为为争取喘息机会而进行的自由斗争的反叛，才是诚实的和真实的。这种反叛的理由在于它所具有的为塑造联系而努力的力量。

向历史性的沉入

只有自由地进入联系中的人才因此而具有不顾一切地反叛自己的力量。当代人之作为人而面临的难以完成的、但却是惟一的任务，就是在虚无面前自承风险地寻找真实的道路。在这条真实的道路上，生活将再次成为整体——尽管在普遍混乱的不安中生活有着种种的离散性。就像在古代神话般的英雄们所生活的岁月中一样，一切事情的责任看来重又降临到了个人的肩上。

但是，今天所提出的要求是这样的：一个人应该在与其他人的联合中使自己沉入到作为历史具体之整体的世界中，以便在普遍的无家可归的状况中可以为自己赢得一个新家。他与世界的疏离给他以沉浸自身存在的自由。这种疏离无法通过一种唯理主义的抽象来达到，而只有通过同时在各方面接触现实而达到。沉入并非是一种由某个以此自夸的人所做出的可见行为，而是在一种平静的无条件性中达到的。与世界疏离造成一种精神的个性，而沉入则在个体自我中唤醒一切属人的东西。前者要求的是自我修炼，后者是爱。

可能的实存的无条件性，借助于联系就能达到向历史性的沉入。其实，这种沉入并不是通过遵循任何被规定好的方式而实现的。我们只能说它是一种呼吁。人们将在尊崇的能力中与它相遇。它是在职业劳动中的身心投入。它是在性爱中的专一不贰。

尊崇的能力牢牢地坚持人之所是和人之所能是的标准，通过沉思伟大的历史人物而保持自身。它不认为通过这样的沉思而向它显示的东西会从这个世界上消亡。它忠诚于一切作为传统而在它的自我生成中已发挥实际作用的东西。它理解那种它在特定的个人那里赖以产生的东西。在这种特定个人的影子中它第一次意识自身。它始终是一种永不衰退的虔敬的爱。回忆为它保存了在这个世界中不再具有任何现实存在的东西，并使之成为一种绝对的要求。即使个人现在在生活中遇到的几乎总是缺乏价值和个性的东西，即使一个幻灭接着一个幻灭，但他仍必须尽可能保存他自己的本质的标准，必须在真实事物的零散残迹中找到对自己的道路的指示，必须能够确信何处才是人真正是人的地方。

劳作，并且仅仅是日复一日地劳作——如果是如此这般地从事工作，就将很快坠落到湮没一切的无底深渊中去。但是，如果是在长远眼光的推动之下积极从事工作，如果从事工作的人采取建设性的态度，他全神贯注于他的工作意志的连续性和对工作进程的意识，那么，工作也会成为个体自我的一种显现。即使他无法躲避失业之灾，或他的劳动力被迫用于他的内心所反对的目标，他自己的本质的标准对他而言却依然存在。这标准即是判断哪怕处于这种最终的贫困之中，他在多大程度上仍能通过自己的活动而达到一种与物的接近。一种难以实现的可能性始终存在着，一种绝不会由他人来要求的真理始终存在着，即认识到："虽然我是一块铁砧，但作为一把铁锤，我却能使我必须忍受之事达于完成。"

两性之爱中的专一，无条件地联系着两个人，为的是他俩的整个未来。把自我联系于这样的忠诚的那个决定，是这种专一的极深的根基。这一决定是在自我通过另一个自我而真正意识到自身的那一刻作出的。对多妻或多夫的性爱的消极否定是一种积极否定的结果。这种积极否定，作为当代的爱，只有当它把整个生活都包括进去时才是诚实的。对于不浪费自身的否定性的决心，是由一个可能的个体自我所作出的对这种忠诚的坚定愿望的结果。在性爱的事情上无所约束，就没有个体自我。性爱是通过无条件的联系才第一次真正成为人的性爱的。当欲望表现出诱人的色彩时，当某种内心观察似乎告诉我们性欲满足的魅力和个人的快乐将只在一系列多样化的性经验中被找到时，真正的人性存在的标准就在我们所拥有的抵御这类诱惑和拒绝承认不受控制的天性要求的力量中维持着。

尊崇可以说是个体自我的基础；职业的活动是个体自我在这个世界中的可能的实现；个人专一的爱，或对这种爱无条件的愿望，是个体自我精神的诚挚。没有这种精神，我们就将陷入无法对付的兽性。

可以说，一切对于无条件的追求都使人因其对自身的严厉而显得不自然。因为，历史上不可取代的存在的真正性质是同自我克制方面的巨大训练和强有力的意志控制联系在一起的。只有那种在渴求真正实现之可能性的情感的支撑下运用了坚强的自律力的人，才走在一条真正属于作为人的人的道路之上。人踏上这条道路，原是由于客观权威的强制，现在则是由那意识到自身责任的自我所自由、自觉地选择的。

这种在向历史性沉入中的自由是无条件的。在群众的现实生活范围内，这种自由是同各种精神势力的权威性相联系的。自由与权威之间的张力是这样的张力：其中每一方如果没有另一方的存在，就会消失——自由会变成混乱，权威会变成专制。因此，个体自我珍视那些它过去为了达到作为个体的自身而曾经反对过的保守势力。它需要传统。对于一切精神生活来说，传统都是仅仅在权威人物身上才确实地得到体现的。虽然教会中不存在自由，但教会却仍是在任何时候所能达到的自由的一个必要条件。它保存了精神价值的领地，即保存了一种关于超验实在之无情的感觉，以及超验实在向人所提要求之紧迫性。与教会之未被觉察的衰败相伴随的种种危险将是十分巨大的。教会同无信仰默契，衰退成群众机器的一部分，其结果就是丧失它仍然拥有的、能再次作为自由之源泉而起作用的东西。

人的高贵性

关于人的价值是否仍然可能的问题，是与关于人的高贵性是否仍然可能的问题相同的。贵族统治的形式已不复可能。这种统治是少数人仅凭世袭权利和等级权利而占据特权地位。他们通过权力、财产、教育以及一种被实现的文化理想而高踞大众之上。他们认为自己的统治对于社会是最好的东西，群众也把他们的统治当做最好的东西来接受。事实上，这样的统治绝少能长久保持为一种真正的贵族统治，即真正由最优秀的人所实行的统治。即使某一凭借社会的或生物的基础而获得其地位的贵族在一个短时期内曾经完成伟大的工作，它仍然很快退化为少数人所强制实行的统治。这些人本身也构成为群众，呈现群众的典型特征，即奉行多数决定的原则，仇恨任何杰出的个人，要求平等，无情地孤立或排斥任何不属于群体特征的显著的独特品质，迫害卓越不凡的人物。作为少数群众式统治的贵族，它所僭取的品质仅仅是人的实存之真正的高贵性的社会替代品。它把这些品质归于自身，即归于所有属于这一实行着统治的少数人集团的成员。如果这样的贵族一再地创造出独一无二的精神世界，那么这要归因于它从一种真正的高贵性那里的起源，归因于一种长期的自我教育过程。

从社会学的角度看，也许会继续存在一些有权威的社会阶层。不过，这些阶层将是粗蛮的。今天，关于人的高贵性问题在于如何救出真正的优秀者，这些人为数很少。

这样的贵族不能超然出世，不能通过由对过去的浪漫的爱所激发的个人修身来实现自己的真实自我。如果它没有自觉地、以充分贯彻的自觉意志加入到时代的生命状况中去（事实上，它的存在是根植于这些状况的），那么，它就仅仅是人为地脱离出来、提出没有理由的权利要求的一个集团而已。

在人的实存的高贵性意义上的最优秀者不单是技艺高超的人，这些人是可以通过挑选而培养出来的；不是特定的种族类型，这些类型可以通过人类学的标准来确定；也不是那些天才个人，他们已经作出了不同凡响的成绩。在所有这些人当中，惟有成为其自身的那些人才是最优秀者。他们不同于那些在自身中只感到了空虚的人，不同于那些看不见可以为之斗争的事业的人，不同于那些正在躲避自己的人。

今天，反对贵族的最后战役正在开始。以往，这种战役在政治的和社会的层面上进行，现在则在精神领域中进行。人们乐于扭转发展的进程，乐于阻止人格的成长。人格成长对于那些虽不遥远，却已被人遗忘的时代来说，曾被认作是最根本的事。关于我们应如何最好地关心群众的人（这样的人并不愿意坚定地立足于自身）的紧迫问题，已导致我们每个人心中存在的平民意识对神性（虽是隐秘的）所要求于我们的那种个体自我的反叛。个人在其命运进程中达到自己的自我的可能性将被决定性地摧毁。群众的本能与宗教教会的和政治专制主义的本能携起手来（这种情况以前经常发生，现在则更具威胁性），使群众秩序中的普遍齐一现象神圣化。

这种反叛是直接指向人心中真正高贵的东西的。早先的反叛，即政治反叛，可以取得成功而同时并不毁坏人。但现在的这种反叛，如果成功的话，将毁灭人。因为，不仅在最近的几个世纪里，而且在从犹太先知和古希腊哲学家的年代起的所有历史时代中，人的实存都已被表明是依赖于我们今天称之为个性或人格的东西的。不管我们称它为什么，它都是在客观上难以理解的东西，都是个体自我的始终独一无二的、不可取代的样式。

团结

当人们像一堆垃圾一样挤在一起的时候，实在性与确定性就只存在于有真正的朋友的地方。真正的朋友彼此之间实际地交流着各自的表达并且保持着由个人忠诚所形成的团结。

使我们摆脱孤独的并不是世界，而是这样的个体自我，它与其他个体自我建立了联系。自我实存的个人之间的相互联结构成了不可见的本质性实在。由于并不存在关于可信赖的个体自我的客观标准，所以这种相互联结不可能把人直接地集合起来以形成有影响力的集团。正如人们已经正确地说过的那样："在高尚的人之间并不存在信用方面的责任（即被组织而成的联盟）。"这是他们的弱点，因为他们的力量只能内在于他们的沉默无声之中。存在于他们之间的联系并不采取任何正式契约的形式，但比任何民族的、政治的、党派的或社会的共同体更有力，比种族的纽带更有力。它从不是直接的。它的最初表现是在它的各种结果中。

当代世界能够给我们的最好礼物就是这种与自我实存着的人们的贴近。这些人其实自己就是人的实存的保证。在这个世界里，我将找到作为实在性而对我已发生影响的人物。他们并不单是那些我所熟识的暂时的人物，而是使我意识到我自己的那些持久的人格。不再存在某种伟人祠，但是有一个在想像中被独立出来的场所，以纪念那些真正的人，那些我们为我们之所是而必须感谢的人。对我们有决定性意义的人主要的不是那些仅仅作为历史"伟人"而知名的人，而是那些在一定程度上再生于今天活着的人之中的伟人，他们已经对我们施加了实际有力的影响。这后一种伟人（我们充分相信他们与自我实存的贴近）对我们来说是持久存在的——虽然不是强加于我们的。他们并没有被偶像化，也未经过人为的宣传。在那些被大众所认识、所视为重要的人中间，他们是不显眼的。但事物的真正进程却取决于他们。

真正的高贵不是在一种孤立的存在中找到的。它存在于独立的人的相互联结之中。这样的人意识到他们有责任彼此发现。他们无论在何处相遇都彼此相助以致进步。他们随时准备交流，始终留心着这样的机会，但并不强求。他们虽未达成任何正式的协议，却以一种比任何正式协议都更强有力的忠诚保持着团结。这种团结甚至延及敌人，如果个体自我之间进入了真正的对立的话。这样，便实现了一种最优秀者的团结，它可以——比方说——存在于不同的政治派别之间而超越一切分歧。这种团结即使未公开表达也可被觉察到。它之所以未达于公开表达，或是因为没有表达的机会，或是因为它的发展受到了情势的偶然因素的阻碍。

这些个人的团结必须区别于普遍出现的、以同情和反感为基础的偏爱；必须区别于一切平庸的人彼此之间施加的特殊的吸引力，这种吸引力的产生是因为他们全都乐于置身于无崇高要求的人中间；必须区别于那种多数人为了对付少数人而结成的软弱、消极但又固执的团结。所有具有上述后一类团结的人全都感到自己更为安全，因为他们是作为群众而存在并作为群众而彼此相遇的。他们从群众权力中推论出他们自己的权利。至于自我实存者的团结则因其所包含的个人信赖而无限可靠，即使它只关涉到非客观化的和不可客观化的细小态度。但是，这种团结在这世界上是无法得到保证的，因为这样的人其数量相对地少，而且又不能肯定实现彼此间的交往。那些属于群众范畴的人拥有许多不是真朋友的朋友，而在精英范围内的人只要拥有一个朋友便足可庆幸。

具有自我实存精神的贵族是广泛分散的，因为组成这种贵族的个人为巨大的空间相隔。进入这种贵族的人并非经过判断确定自己的资格，而是通过自己存在的实现才成为其成员。这些分散的精英们的团结犹如具有神秘实体的无形教会，存在于无名的朋友之链中。在这些此地或彼地的朋友中间，某一个体自我通过个体活动的客观性而向另一个或许是远方的个体自我展现出来。在这个无形的精神王国里，任何时候都有着少数的居民，他们彼此接近，通过亲密的交流而彼此击发出火花。他们是最崇高的向上运动的源泉，这种向上运动到目前为止仍在这个世界上有着可能性。惟有他们才是真正的人。

贵族与政治

群众之最初进入一场运动是由于领袖们告诉他们什么是

他们所需要的。少数人创造历史。但是，在今天，群众已不大可能保持对于某一贵族的尊崇，即使他们应该承认这一贵族中的成员有权实行统治。无疑，在今天，所有那些因为缺乏真正的个体自我而不能诚实思考的人仍有必要努力学得思想的基本原理。但群众在这方面学到的东西很少，他们很少参与思想，却仍然继续不断地渴望参与政治活动。

因此，这样的问题便形成了：因群众的暂时同意而取得权力地位的少数人应怎样为自己制造权力工具？凭借这种工具，即使群众收回了同意，他们还能维持统治，以对群众人施加所需要的影响，尽管群众人并无真正的自我，并不知道自己真正需要的是什么。具有排他性的少数人意识到自己的高贵，他们可能联合起来去夺取国家权力。他们的夺权凭借了诸如此类的名义：先驱、最先进者、有最强大意志的人、某一伟大领袖的跟随者、有血统方面特权的人。他们像旧时代的宗派一样确定了自己的地位，严格地选择自己阶层的成员，提出很高的要求，施行严格的控制。他们自认是社会的精英，力图在获取权力后保持精英地位，并为此目的培养年青一代的继承人，这些继承人将使他们的权威长久地保持。尽管如此，这样一个统治阶层，即使在其发端之初作为人之高贵性的个体自我力量而尚能发挥作用，并在某些最有决定性影响力的个人身上继续发挥作用，但是，其大部分成员还是很快就变成一种新的、绝非高贵者的少数群众。看来，在一个群众人具有决定性影响的时代里，在以少数人统治的形式维系人的实存的高贵方面并无真正的希望。

因此，上述情况使得贵族与群众对立的问题不再专属政治问题。的确，双方仍表现为政治论战中的对立面，但这只是在字面上相同于旧时代，而所指的事物则有不同的性质：这种对立或是指一个被组织起来的少数人集团对抗广大群众而实行统治，或是指高贵在群众秩序中无名地起作用；而贵族统治的建立，则或是指一种无正当理由的、因而不能容忍的统治形式的最终建立，或是指人的实存的高贵找到了实现的舞台。

对高贵的冒僭

高贵仅仅表现于存在力图实现自身的上升运动之中，因此它不能规定自己的属性。它不是某人属于其中而另一人不属于其中的一个种类。所有的人都具有提高自己的可能性。由于我们倾向于仅仅在生活中找到满足，所以上升运动的力量总是只为少数人所具备，而且即使在这些人中间也并不都确定地具有这样的力量。这些人不是作为群众性存在（mass-being）的最高状态而成为群众之代表，相反，他们倒是群众的隐秘的耻辱。只有当他们被误解时，他们才为群众所知。

平等的观念如果不是作为纯粹形而上学的可能性，而是被认为与人的实际生活相关的话，就是不真实的。它因此几乎总是被默默地拒斥。在举止与外表方面的恶劣形象、令人反感的笑声、可厌的自鸣得意、廉价的哀怨——只有与卑贱相和谐的人才会同这类表现相容。没有人能在镜子面前注视自己形象时不感到某种困窘和惊愕。他愈是渴望有所提高，就愈敏感于自身所出现的与提高相反的成分。群众只有在他们努力追求和向往一种可能的上升之动力时，才是可嘉许的。这就是说，在这种情况下，群众自己成了那种少数人在一个远远更为确定的程度上所达到的存在。值得被爱的人不是作为生活的实例的人，而是作为可能的实存的人：高贵潜在地存在于每个个人中。

不过，如果在人之中存在的高贵希望把自己理解为一种肯定的生活、希望选定自身的话，它就增强了自己的力量。真正的高贵是以人对自己提出要求的形式而无名地存在的。虚假的高贵则是一种姿态，是对他人提出要求。

因此，在回答贵族在今天是否可能的问题时，我们只能诉诸提出这个问题的人，诉诸他自己的自我。这是在每个个人心中进行着的精神战役，除非某个个人已经永远地失去了力量。

哲学的生活

人的实存的高贵可以说就在于哲学的生活。具有一种信仰的真挚的人就达到了崇高。事实上，凡是将只有自己所能是的东西交给权威的人丧失了他自己的高贵。但是，那相信上帝的人并未失去自己，因为他体验到他的上升运动——有限的自我实存的运动（即使是失败的）——所具有的真确性，这种真确性使他在世界上所遇到的一切都不能比他是他自己这一点更重要。

对于此种高贵依然存在着的要求，主要的是传统的事。在外在活动的领域内，我们不可能达到一切；而在居于人类事物中心的内在活动的范围内，所需要的乃是一种言辞——不是空疏的，而是能够唤醒尚待到来的事物的言辞。这种言辞经历着变化的过程，但它是真正的人的实存借以意识到自己的进入未来时代的道路的秘密线索。这种作为人之实存的哲学生活（没有它，世间生活的客观实在就缺乏灵魂）是哲学思想的终极意义。成体系的哲学仅仅根据这样的终极意义而得到检验和确证。

人的未来寓于他的哲学生活样式中。这样式不应被视为人必须依之指导自己的指示，也不是他必须向之趋近的理想类型。一般地说来，哲学生活不是单一的、对一切人都相同的。它犹如星光放射、流星奔泻似地掠过生活，不知来自何处、去往何方。个人将通过高扬他的自我实存而加入这一运动——不管是在多么小的程度上加入其中。

个体自我的状况

　　人并不在他的发展中达到某一终点。随着时间的推移，他在朝向常新的命运的进步中不断改变，这是他的存在的基本内容。他在这世上的每一形态都是他暂时造成的。每一形态的内部从一开始就包含着自身毁灭的种子。

　　在历史已将他从一种生活形式逐入下一种生活形式，从一种关于自身存在的意识逐入另一种这样的意识以后，人能够回忆他从先前阶段到当前阶段的过渡，但他似乎认为自己无法在这条道路上再向前进。人绝非在他的时代的开端即已认识到自己面对虚无。他负有责任去通过对过去的回忆而为自己开辟一条新的道路。

　　今天，虽然生活扩张的可能性已大得无法估量，但我们却感到自己正处于一条如此狭窄的通道上，以致几无容纳我们的实存之可能性的空间。由于这一点已被普遍地认识，所以一种绝望意识（对那些没有认识这一点的人来说，则是无意识的绝望）便影响了人的活动。如果客观地看待这种绝望意识，我们就不妨把终点预示为开端。

　　人不能回避这一状况，不能返回那些因为属于过去时代而不再真实的意识形式。他可以在遗忘自我的生活享乐中得到平静，可以幻想自己已在永恒的和平中回到了自然。但是，有一天，铁一般的现实会再次降临并将他击垮。

　　对于被推回到自身的赤裸状态中的个人来说，今天的惟一选择就是同另一些他能与之建立忠诚的同盟的个人联合起来，一起创造一个新的开端。在世界大战的最后阶段，当我们的西方阵线崩溃时，曾有一些激动人心的报道描述一些我们的人怎样在各地顽强抵抗。他们是自我牺牲的个人，作出了任何命令都不可能迫使他们去做的事情。实际上，他们在最后的时刻保卫着祖国，使之免遭毁灭之灾，并为德国人的记忆保存了不可征服的意识。这些报道展示了一种在其他情况下绝少可能达到的现实，它是当代可能性的一个象征。这里所表现的是最基本的人的实存，它在面对虚无、面对毁灭之时有能力实现一个世界———个不再是它自己的，而是属于未来几代人的世界。

如果把那些面临虚无的人的状况称为"无信仰状况"，那么，处于该状况中的个体自我的能力就在于产生一种内在的活动，这种活动推进面对无形事物的上升运动。这样的能力拒绝把那种必须源自内在自由、否则就失去其意义的事情托付给客观的事业。它认为自己受到了最高境界的召唤。它的生活处在无可反驳的张力之中，处在对于单纯生活的强有力的反抗之中，处在相对事物的灵活性之中，处在耐心等待的能力之中，处在独一无二的历史联系之中。它知道它正在失败，但在失败的行动中释读了存在的密码。它是根植于哲学的信仰。这信仰使每个个人能够超越死亡而将火种传给另一个人，这样，它便永无停息地再生着自身。

没有任何限制可以加到这一运动之上。它不断地使我们能够看清人之所是或所能是。每当一个人在自己的道路上因为无条件者的激励而向前迈进的时刻，在时间中就有着消灭时间的因素。

过去并不能告诉他该怎样行事。对过去的回忆虽然给他以启发，但他还是必须为自己作出决定。最终他会清楚地知道，他的精神状况是怎样的，他是在什么东西的遮蔽下意识和确信存在的，他的无条件的需要是什么，他在现存状况中应求助于谁，谁对他心灵讲话的声音是他将要倾听的。

除非他从这些方面汲取力量，否则，这世界对他而言始终只是一个企业。如果他的存在要成为一个真实的世界，那么，凡在社会生活中想把自己交给一个整体的人，首先必须掌握住自身。

自我实存，或个体自我是这样一种条件：没有它，作为人之能动性的实在的世界，即一种为某一理想所渗透的实在就不再是可能的。由于个体自我只能通过与当代存在共处而生存，所以它仍然坚定地决心仅仅生活在这样一个时代里——即使它将发现自己与这个时代相冲突。他的实现自己的每一个行动都成了种子——无论其多么微小，都仍是创造新世界的种子。

第三章
沉思的预见和能动的预见

沉思的预见

与这个世界自其开端起的几十亿年相比，人类传统延续的六千年时间仅仅是我们的星球得到改造的新时期中的第一秒。与人类在地球上生活至今的几十万年（如发掘出来的人类头盖骨和其他人骨所告诉我们的）相比，有文字记载的和根据传说的历史，仅仅是人一旦使自己避免缓慢重复状况就开始了的那个生成史的最初阶段。无疑，从三十年即为一代人的生物族类的观点来看，六千年是很长的时间。人的记忆使他意识到他的族类的年龄，所以，现在如同两千年以前一样，人觉得自己正生活在一个终点时期，他倾向于想像他最好的岁月是在过去。但是，地球史的观点已使他意识到他的事业的短暂以及自他成为人以来一直普遍呈现的那种状况的短暂。现在他知道一切都还等在他的前面。技术十年一度向前进展的速度似乎是对这一点的可靠证明。但是他仍然不得不问自己：整个人类史难道不可能是地球史上的一个短暂的插曲吗？或许，人是注定了要从地球的表面消失，而地球的历史却可以在无人的情况下无限地延续。

我们考虑到，地底下的煤层不久就会消耗殆尽，煤的储藏最多只能维持几千年。我们考虑到，我们所能利用的一切其他能源也是有限的。我们还考虑到，地球的最终冷却将导致生命灭绝。但是，科学论据具有这样的性质：它所形成的关于某种不可避免的未来的推断，虽然可以具有很大的或然率，但绝不可能达到必然性。难以预见的技术手段可能使我们得以避免我们目前的技术状况所包含的威胁性困难。我们可以设想这样的乌托邦状况：凭借庞大的组织，人得以掌握那操纵地球机器的杠杆，像一个侵入新领土的征服者一样占领这个世界。也许，当地球变冷时，他将学会生活在地球内部而不是在其表面。也许，他将发现进入到无限宇宙的其他区域中去的道路。或许有一天人会篡夺造物主的特权……但是，在这里，我们到达了可能性的边缘。很有可能，在技术范围的边缘上，一场结局将随灾难而至。

如果把眼光放得近一些，那么人就向自己提出有关文明末日的问题。人口的增长可能引起更进一步的、破坏性比以前更大的战争。得到改进的进攻性技术手段可能整个儿摧毁我们生存的技术基础，并由此而毁灭我们的文明。事实上，许多文明已被摧毁，所以，少数几个幸存下来的伟大的文明民族已被推回到野蛮状态中去，它们不得不从头开始再建文明。现在的问题是，全球范围的人类文明是否也面临着如此这般的崩溃？我们的状况的独特性在于，即使在一个或几个大陆上文明被彻底摧毁了，我们的兄弟民族还是能够依靠从过去承继下来的积累的知识来拯救人类的未来。但是，有一种明显的危险：如果本身已属世界范围的文明行将崩溃的话，那么，文明的任何这样的存留部分都不会经受住灾难性的世界战争。

我们自问：是否我们的生活秩序的特性并不是我们的最大危险？是否并不存在会导致在地球上再无立足之地的人口增长（这种增长最终会使处于群众状态中的人类精神窒息）？是否不会出现劣生的选择和种族的进行性退化（这种退化最终会使我们人类只剩下与人近似的成员，他们是技术机器中的劳动力）？但是，人将被他为了迎合自己的需要而制作的工具所摧毁，这一点无疑是可能的。

有关支配人类命运之必然过程的隐秘规律的一系列问题产生了。某种绝对基本的材料难道不会被慢慢地用完，以致我们所有的人都将在这种材料供应枯竭之时难免一死？艺术、诗歌、哲学的衰落难道不会是这种材料趋于枯竭的征兆？当代人之融化到企业中去的状况，他们现行的交往方式，他们让自己像奴隶一般被驱使的状态，他们的政治生活的毫无效果以及娱乐生活的一片混乱——所有这一切难道不都可能表明上面所假定的那种材料的供应正愈益减少吗？或许，我们现在所拥有的这种材料的数量还足以让我们注意到我们正在失去的东西。可是，在不远的将来，当这种材料的枯竭达到更为严重的程度时，我们可以设想，我们的后代将不再理解正在发生的事情。

然而，诸如此类的问题及其可能的解答，并未帮助我们达到对于整体过程的认识。对于这样那样的不可能性的种种论证，无论看上去多么有说服力，总是难免包含错误的可能。这种错误的可能性是由于缺乏某些我们将来或许会掌握的认识要素而造成的。我们能够了解或预见一些局部细节方面的情况，但是我们不可能描画出一幅绝对正确的整体图景。所有这类预见都不具有哲学的性质。它们不过是一些仅在某种程度上具有现实基础的技术上的和生物学上的设想。人作为潜在的实存，不可能满足于这类思考。

在现实主义观点的范围内，我们惟一有权说的话是"目前我看不见别的可能性"。根据我们现在所拥有的知识以及按照当前有效的标准，我们的理性最后总是面临难以逾越的障碍。

什么即将发生？

因此，我们的预见始终不外是关于种种可能性的认识。而现实当其来临之时，可能显示为完全不同于任何一种这样的可能性。我在任何时候都应该知道我自己真正想要的是什么，这一点比那些并非有赖于我们自己的遥远的可能性更为重要。就未来而言，这一点意味着我要知道人在未来将是怎样的。基本的问题是：在未来岁月中生活的将是哪一种人？只有当未来人们的生活具有与我们在以往几千年时间里业已了解的人的实存相接续的价值和尊严时，我们才会对他们感兴趣。我们的后代应是能承认我们是他们的先辈的人。这种承认不是指在肉体的意义或历史的意义上的必然的承认。

然而，在人们实际所是的状况方面却没有可供目的性意志活动的空间。人们成为他们之所是，不单纯是通过出生、哺育和教育，而且还通过每个人以其自我实存为基础的自由。

因此，剩下的事情就在于，我听见那个使我意识到我的人性的过去的呼声，然后通过我自己的生活而将这个呼声传达给未来。但是，对历史整体的沉思却使我忽略了那惟一使历史隐匿不显的东西。而那些可以从历史推论出来的预见仅仅是指出了一个我必须在其中活动的范围。

结果就是这样：在对于整体的沉思的预见中，意志不起任何作用；这种预见无非是逃避那种起自个人内在活动的真实行动。如果我满足于沉思的预见，我就是听任自己受到"世界史剧场"的迷惑。我让自己被各种关于必然进步的预言所麻醉。这种必然进步，或者按照马克思的思路是指向无阶级社会的迈进，或者按照文化形态学是指一个遵循着假定的生长规律的进程，或者按照教条主义哲学是指人的实存的某种肯定可以达到的绝对真理的发展和实现。当我探询人的未来时，如果我是认真严肃地提出问题的，我就必须摒弃一切单纯表面的东西，不管它们是辉煌的还是令人沮丧的。我因此而必须一直深入到可能性的根源处，在那里，用可能达到的最丰富的认识武装起来的人正努力创造他自己的未来，而不仅仅是沉思未来。

因此，首先的一个结论是，对于人的未来的任何预见都不可能具有一种确定不移的性质。人的未来只能是一种开放的可能性。如果我力图预见未来，这恰是为了改变事件的进程。我所预见的未来离我越近，就越重要，因为它更易于受到我的影响。反之，我距离我所预见的未来越远，这未来就越与我不相干，它与我的活动的可能性的联系就越少。在这个意义上讲，预见乃是一个想要有所作为的人所作的推测。他并不是关注那必然要发生的事，而是关注可能发生的事。他力图使未来符合他的愿望。未来之所以能被预见，正因为它能为他自己的意志所改变。

其次，这样的预见充满了与现存状况相联系的意义，它不是飘浮在空中的东西，不是由一个在时代之外的旁观者所作出的预见。凡在当代状况中从自己的生活经验里获得最深刻的认识的人，将形成最为确定的预见。一个在世界中扮演了积极主动的角色的人，通过自己的个体自我而达到对于自己之所是的意识。他已经知道，如果他像一个纯粹的旁观者那样置身事态之外而力求获得对整体的认识，那么他就完全丧失了对于事态一般进程的洞察力。当他把关于自身状况的意识扩展到他所能及的世界之边缘时，他立刻就感觉到这种洞察力之丧失。推动着他的不是那种想要收集无限多的当代事实材料的愿望，而是想要进入作出真正决定之地的渴望。他想要"知道内情"，即知道历史的动力在何处起作用。

再者，这样的预见不仅仅是单纯关于实际发生的事情的知识。因为，作为这样的知识，预见同时也是实际所发生的事情中的一个因素。任何关于现实的见识都是含有意志成分的，或者，至少它不可能不激励或摧垮意志。我所预期的事情将被试验：因为我表达了我的预期，我也就在无论多么小的程度上参与了——或是推进，或是阻止——我的预期的实现。下述两种情况都是可能的：或者，我使我的活动与我的预见方向一致，从而改变事件的进程；或者，竟自发生了无人预见过的事情——既非人之所欲又非人之所惧的事情。即便知识视未来为一必然进程，而我惟一的选择就是或顺之而行或逆之而动，如果这样的预见是由心怀信念的人所作出的，那么，它仍具有极大的重要性。如果人们坚定地相信，即使自己一无所为，某种未来会照样到来，那么，这样的预见就加强了坚韧不拔的态度和促进了行动。如果被视为无法避免的未来是令人憎恶的，而抵抗它又是徒劳无益的，那么，这样的预见就摧垮了意志。然而，这种[关于必然的未来的]信念是一种谬误，因为它默认我们拥有比可能有的更多的知识。[其实]惟一确实的事情乃是可能性所具有的不确定性。这一点使人意识到迫在眼前的危险，唤起人的全部力量，因为他知道自己能够在决定中起作用。对状况的精神意识始终既是知识又是意志。既然世界进程是隐秘的，既然迄今为止最好的事物经常被摧毁并且在未来也可能被摧毁，既然世界进程因此而始终是一种可能性而绝不会成为一种必然性，那么，一切关系到遥远未来的筹划和活动都是徒劳无益的。相反，我们的责任正是应在此地此刻创造和激励起我们自己的生活。我必须自己决心促成那就要发生的事，哪怕一切事物的末日已经不远。避免不合心意之事的活动，只能从那意欲在当下实现自己的生活的意志中获取力量。面对隐秘的未来，面临它的威胁和它的深渊，只要还有时间，我们就发现更难以顺从必然性的支配。预见的思想对当前状况作出反应，同时并没有放弃在可能性领域中的筹划。真正行动于此地此时，这是我所肯定地拥有的惟一的活动空间。

但是，这种行动意志也是未来的人们的活动的基础，因为，即使他们是被他们在其中获得意识的机器所决定的，他们当中那些真正的人也将在对自己的人的实存的认识中成长起来。因此，在任何时候，那种想要达到人的未来实存的意志总会集中在一部分突出的人身上。而似乎与此相矛盾的是，我们从这个世界中创造出来的东西是由每一个个人所决定的，即由每个人在自己的连续活动中作出有关自身的决定的方式所决定的。

能动的预见

沉思的预见仅表现了一种求知欲望，而不包含沉思者的任何能动的参与。相反，能动的预见则表达出可能的事物，因为使这一可能性实现的意志是其中的一个决定因素。这样的预见突破了沉思的范围而走向自主的决定。

既然我们不可能对世上将要发生的事作出完整的描述，我们对种种可能性的构想就仅仅是揭示出为未来而斗争的战场。现实正将从这一战场上呈现出来。那种单纯是这一战斗的旁观者的人，不可能了解进行战斗的真正原因。

这个战场是朦胧不清的。实际的战斗常常表现为各种各样的偶然行动。如果战斗是在固定的阵线上进行的，那么这只是因为坚持下去的意志所具有的惯性使战士们固守着战壕。为了预见而作的思考，乃是从实际现状出发而去寻找根本性的决定将在其上发生的真正战线。找到这样的战线，将会激励我加入其中，因为我意识到那是我真正该去的地方，在那里，我能够施行我的意志。

一种能动的预见将使我能回答这样的问题："你愿意为哪一种现存事物而活着？"如果这种预见揭示了毁灭的可能

性，我的回答就可能是，我情愿与那造就人的个体自我的东西一起毁灭。

对可能的发展趋势的描述提供了对下述问题的解答："现在正在开始的，可能是一个怎样的世界？"人类生活的每一方面都被连接成稳定的组织，这是一个正在加速的过程。人被转变为一架庞大机器中的功能，这就推进了普遍的齐一化。这架机器不需要优秀卓越的个人，只需要具有特定才能的、符合通常标准的人。除了相对的事物以外，别无其他东西持久存在。生活秩序的强制力迫使人们进入各种各样的社会团体，在一切可能的方面干预着个人活动的自由。人们几乎是迫切地要求建立捍卫生活秩序的权威，这种要求倾向于助长内心的空虚。这种运动的目标是要造成一种稳定不变的状况。但是这种人间秩序的理想，对于那些知道自己的存在应以自由的权利为基础的人来说，是不可忍受的。被改造了的状况正在悄悄增长着的负担，看来很可能会压抑这样的自由。把所有党派都视为不证自明的那些观点固定化，这就使普遍的意见发展为暴君的统治。

因此，我们时代的基本问题是，是否仍然可能有在自我领悟的命运中独立的人？事实上，这一问题已成为关于人是否能够自由的一般问题，而这一问题若被清晰地加以表述和理解，那么它作为问题就将趋于消除。因为，只有能够自由的人，才能够诚挚地、富于领悟地提出关于自由的问题。

但另一方面，在使思想客观化的时候（通过客观化，人的自由被当做生活的一种现存形式，并且在这一点上，仅仅提出自由在什么条件下能够实现的问题），可以认为，整个人类历史就是为自由而进行的一场徒劳的努力。也许，自由仅仅在一个真实的、但却非常短暂的阶段里存在过，在这个阶段的前后则是两个无限漫长的休眠期。第一个是自然生活的休眠期，第二个是技术生活的休眠期。如果是这样的话，人的实存就在一种比以往更为彻底的意义上是注定要消亡和终结的。自由将仅仅是一种过渡，即在一个短暂的时期中意识到超越存在是人的真正的实存，但在技术机器的发展中又趋于完结。技术的机器只有通过自由的完结才能发展。

然而，与此相抗衡，思想也使另一种可能性客观化。这是一种不可转让的可能性，即在未来的日子里，人能否达到和能否意欲达到自由是由人自己决定的。的确，我们中的大多数人都害怕个体自我的自由，但是，在庞大机器的相互关联的结构中仍可能存在许许多多的空隙，所以，对于那些勇敢的人来说，以某种未曾预料到的方法从自己的根源出发实现自己的历史性是始终可能的。在似乎不可避免的客观生活的齐一化中，个体自我的创造力可能最终具有决定的意义。在毁灭的边缘上可能出现重新坚强起来的独立的人，他将把事情掌握到自己的手中，并将拥有真正的存在。

我们仅仅在形式的意义上和在短暂的片刻之间，有可能去预想一个全无信仰的世界，一个人们已被贬低到机器水平并已丧失他们的自我与上帝的世界，一个人的高贵将要消散乃至彻底被毁的世界。正如设想人必定灭亡、必定成为某种以前他似乎从未如此的东西这一点是与人的深不可测的内在尊严相牴牾的一样，人也不可能在较长的时间内接受这样的信念，即认为自己的自由、自己的信仰、自己的个体自我将不复存在，以及认为自己将降格为技术机器中单纯的齿轮。人超出他在这样的视野中所能想像的范围。

但是，当我们从这些较遥远的预想返回政治方面的可能性时，我们发现，除了人惟一可以在其中保持自己真实性的那种可能性以外，还存在着其他的可能性。撇开体现于教会状况中的宗教不说，世界上任何哲学的个体自我、任何真正的宗教都把在真实的个体自我可能性之外的其他可能性视为对手和刺激因素。并非所有一切都能在作为个体的人身上找到。在当代的预见中，这些对手（它们之间的张力是权力与自由之间的张力，而这张力就是永远不会被完成的精神的生活）必须联合起来以对付虚无的可能性。如果人作为尘世的生命而必定始终居于其中的这种权力与自由间的张力将在新的形式中重建，那么，在生活的机器中就会生长出实体性的内容。

对于"什么即将发生"的问题，不可能给出明确的或令人信服的回答。人，活着的人，将通过他自己的存在，将在他自己的活动过程中，回答这一问题。对于未来的预见（指正在形成中的"能动的预见"、将成为未来的决定因素之一的预见）只能有一个目标，即是使人类意识到自身。

译后记

好多年前，当我刚刚开始准备研读而后翻译雅斯贝斯的《时代的精神状况》一书时，曾有比我更熟悉存在主义者的著作的朋友对我说，雅氏的著述比海德格尔的书好懂多了，他的语言通俗、明白。这一说法鼓舞了我。然而，随着翻译工作的实际展开，我却愈益强烈地感受到了移译这些文字的艰难。这种艰难倒不是出于抽象难解的概念、术语，而是在于雅氏的那种生动而又简练的语句所包含的寓意深厚的隐喻。要把这些隐喻以同样生动而简练的汉语再造出来，几乎是一桩不可能完成的任务。经过反复的琢磨以及对译稿的再三修改，我终于不安地向出版社"交了卷"。正如富于经验的翻译家们常说的那样，翻译总是一项"遗憾的劳作"。

无疑，海德格尔的著作也是极为难译的，但难译的性质却与此不同。海氏意在本体论的创新，意在对传统的西方形而上学的全面改造，故而一弃传统的哲学表述方法，使用一套新的术语系统，造成了阅读和移译的巨大困难。

至于雅氏的作品，则犹如一位智者面对着不是前来求知识，而是前来求智慧的人讲话，这些作品力图唤醒其沉睡中的洞见和勇气，力图促使其领悟其自身存在的价值和使命。这样的讲话不包括任何确定的定义、推理和结论，而是在夹杂着隐喻的陈述中，力图达到一种对"实存"(Existenz)的澄明，即对人之作为人的存在的本原的澄明。翻译者能否不辱使命地接近这样的澄明呢？看来，这只能等待读者的鉴定了。

海氏著作与雅氏著作各自不同的难译之处恰好也反映了这两位同是德国存在主义奠基人的思想家之间的重要区别。这重要区别主要在于他们两人各持不同的哲学研究方法和目标。

雅斯贝斯反对将存在主义思想做成一个哲学体系，在他看来，既然已经达到了对于人的本原存在的洞见，那么，作为学问的形而上学已是不可能的了。哲学在今天的任务不应该是再度使自己完成为一个独立的知识体系，因为人之真正作为人的存在（实存）既不能被科学也不能通过思辨哲学来认识，它不是知识的对象。哲学思维的真正任务不是认识人的存在（因为一旦去行认识，就是使人的存在变为对象，使之成为客观的事实性的存在，而这正是从实存哲学已经达到的洞见那里倒退，退回到传统哲学的樊篱中去），而是通过对实存的澄明而使之显露，诉诸每个人的实存的可能性，激发其领悟到诸如死亡、苦恼、斗争、罪责等这类在被认知的既存的事实世界边缘上的边界状态，并在这种边界状态中作出事关人之未来命运的决定。正因为雅氏哲学的方法和目标是如此，所以它不使用普遍范畴的形式来谈话，而是着力于提出问题，阐明思想的选择，引用大量心理的因素以彰明实存在现时代中的堕落或者隐喻人的自我拯救的可能性。

与雅斯贝斯不同，海德格尔仍然希望去完成改造西方传统本体论的宏伟事业，他仍然力图用一种完整的理论去对人的有限存在作前逻辑的先验分析，以求通过这种分析开辟一条通向一般本体论的新路径。他在这种努力中所写成的著作是特别晦涩难读的（如《存在与时间》），这恰恰也表明了这种努力的艰巨性——想要解决的任务（分析非理性的存在）与解决任务的方法（运用概念的思维方式）之间的矛盾。不过，这种矛盾是否一定说明了海德格尔所追求的事业是注定要失败的呢？能够回答这一问题的，只能是哲学之走向未来的进程本身。对于当下的我们来说，至少可以肯定的一点是，他的这一哲学事业在当代西方具有十分真实的意义，这意义在于它是要为处于虚无主义严重危机中的西方精神道统的革故鼎新开辟一条可能的道路。

雅氏与海氏之间的上述差别，使他们的作品各自吸引具有不同兴趣的中国读者。对于想要从现代的视角去理解西方精神文化之根，并且想要辨认其今后可能的变化的人来说，海氏的作品是必定要读的。而试图明了存在主义对现代西方人精神困境的全面剖析的人，常常可以在雅氏的著作中找到他们所需要的东西。然而，差别虽在，其本无二。雅氏与海氏之共同所本者，乃是确认"人存在着"这件事本身具有终极的、绝对的意义。笔者愿意在此就这一"共同所本者"赘言几句，或许有助于一些并不十分熟悉存在主义思想形成之原委的读者去把握贯串《时代的精神状况》一书的基本思想。

存在主义之前的西方哲学固然知道"人存在着"这一基本事实，并且也常常赋予该事实以不平常的意义：人是理性的，人是自由的，人是惟一可能有道德的，等等。但是，当需要说明人的理性、自由、道德能力等这些使人的存在与其他存在物区分开来的价值、意义究竟源于何处时，以往的哲学都从人的存在本身脱离出去，另外寻找一个能够给出人的存在之价值与意义的绝对者，从而把人的存在当做由这个绝对者所安排出来的一个特殊事例。这个特殊事例由此便在绝对者中得到安身立命之根。这个根，无非就是也包括了人的存在的世界的本质。在宗教那里，它可以是神、上帝；在思辨唯心主义那里，它可以是绝对理性（无人身的理性）；在形而上学的唯物主义那里，它是作为万有之本原的物质性。如此追寻并去确定世界本质的思想努力，是差不多所有的近代哲学所共有的旨趣。

　　但是，现代欧陆哲学的主导倾向开始摒弃这一旨趣，因为它被另一种根本情绪所笼罩。最早，也是最深刻地表达这一根本情绪的人是尼采，他呼喊出了"上帝已死"的声音。上帝已死，其实就是人的存在的绝对本质已死，人不得不走出自己在精神上的"童年期"而开始进入无所依傍的"成年期"，不得不开始经历极为痛苦的"精神断乳"。西方人最初没有听懂他的声音，但不久之后，由于世界史上的惊人魂魄的变故（两次世界大战），才开始在内心深处领略这声音的如雷贯耳之力。现代西方人在内心深处已经发现，人的生命和精神的一切价值一向所依赖着的关于人的存在在绝对者中得到安置和生根的知识，已变为可疑的、表面的、相对的，并且从终极的诚实来看，只不过是假象。这一发现从根本上动摇了自古希腊时期以来所形成的西方精神道统。一个比历史上任何形态的虚无主义都更为彻底、更为根本的虚无主义的时代终于到来。当人与世界的一切由知识所建立起来的内容关系都破裂之时，当在被那支撑着人并赋予人以意义的一切世界秩序所遗弃之时，人感受到了无限的孤独和无限的荒谬。几乎可以说，人在精神上已经死了。但是，此时就有存在主义站出来说：人没有死！存在主义力图向人们指出，当一切似乎牢不可破的"客观真理"都已瓦解之时，还有一样东西没有瓦解，这就是被"客观真理"所遗弃了的人

"存在着"。当一切"客观的"价值和意义都分崩离析之时，"人存在着"这一事例本身仍然是一个富于意义的事例。于是，人的"存在"现在成了哲学必须关注的中心。但关注的结果，不应该是再度把它规定为"自然的存在"，或"理性的存在"，或"作为上帝之摹本的存在"，因为这类存在归根结底是西方精神传统中的"形而上学世界观"发展的产物，是"遗忘了存在"的结果。当"形而上学世界观"的最后的、不可避免的产物——当代虚无主义——已经来临之时，我们不可能重新把"人的存在"客体化、事实化。这个存在已被合适地理解为终极的、无条件的存在中心，它是行认识的理性所无法进入其中的，它不包含知识，不包含任何确定的、有条件的内容，它是可能性。它在一切知识、秩序所及范围的边缘上，对这种边缘的体验，就是人对死亡、苦恼、罪责和斗争的体验。然而，正是这种作为可能性的存在（人之"实存"），才是世界及其外观的历史进程的本原。人，只要没有完全地被事实化、客体化，就总是有机会体会到自己是这一本原，从而意识到自己应该负起作为人的责任。处于现时代中的人（《时代的精神状况》一书1933年英译本的书名正是《现时代的人》），其诸多罪恶与堕落恰恰源于人之遗忘了自己的实存，而将自己的不可替代的自由与责任全然托付给了客观知识和"客观真理"。

上述思想，即是支配着《时代的精神状况》一书中的各种富于启发性的具体叙述和种种力图澄明实存的隐喻的基本思想。

也许，对于专门研究或已相当熟知存在主义的读者来说，上面所叙述的至多只是表达了对于存在主义的一种非常基本的了解。的确如此。然而，就中国读者而言，这样的了解常常容易具有抽象的、单纯学理的性质，同时又在内心埋藏着颇深的疑惑。原因很简单：中国人原有不同于西方的精神道统，故而对于"形而上学世界观"所导致的当代虚无主义难有体会，况且，中国社会当下的实际状况和进程也与当代西方社会差异甚大。诚然，有许多中国人早已从不少文献资料上熟悉了西方的非理性主义的或遏制科学主义的主张或思潮，但对于这一切还是难免有不解之惑。须知，当下的中国人远远谈不上感到科学主义的危害或知识的统治、技术的统治对人的存在的威胁，而是正痛感自己民族在科技上的落后以及在社会组织、管理方面的缺乏秩序与合理性，正以史无前例的迫切心情想要达到西方现代工业文明社会中种种与科学精神相一致的生存状态。于此种情况下言及西方社会因科技昌盛、市场经济发达所生的精神文化病症，确乎会使人产生隔靴搔痒之感。不过，假如我们读一下雅斯贝斯的《时代的精神状况》，这种感觉会减轻许多。该书虽然写于1930年，但是它对西方人在当代的精神状况及其所由形成的历史根源与广阔的现实社会生活背景所作的深刻而又生动入微的演述，至今仍未过时。雅氏善于揭示社会现象的精神底蕴，颇能引导我们设身处地地体会当代西方文化的总的氛围以及西方人的基本心态。

这本书原是雅氏受人之托而写的，是要放到包含有一千种书的"小格斯兴丛书"中去的。当时雅斯贝斯正在撰写其鸿篇大作——三卷本的《哲学》。在写作过程中，他逐渐使自己的思想达于清晰和成熟。适逢此时而应命去讨论"时代精神"，对他来说，正是得心应手的事。在这本"小书"中，他高屋建瓴地回顾了西方人"时代意识"的起源（时代意识并非从来就有，在雅氏的论题范围内，它是西方文化精神在近代发生转向的产物），分析了资产阶级革命的精神原则，讨论了科技进步的文化前提及其对社会形态变迁的作用，讨论了民主政治与贵族理想之间的对立。全书以实存哲学式的反思（不是那种思辨性的历史哲学的反思）作底线，描画了与西方社会现代化进程相伴随的精神文化的巨大震撼以及这种震撼留给当代西方人的困境。凡此种种，均探及西方文化的精神传统与现代性之间的内在联系和内在冲突。这一切虽然谈的都是西方人的"家务事"，但是，对于正处在现代化进程中的中国人来说，却是不可不拿来研究一番的。当代中国人已不得不再一次认真思考现代化进程与中国精神传统的关系。自"五四"前后以来，这是一个始终回避不了的大课题。

最后，笔者觉得很有必要在此提出的一点是，在现代化与民族精神传统的关系问题上，雅氏的这本书对于我们仍然仅仅具有借鉴的作用，因为，对于西方人的"家务事"的考察，实存哲学只是代表了诸种可能的视角之一，尽管是一个富有意义的视角。

我们不应该不加批判地落入存在主义的意义域中去探讨传统与现代化的问题。我们必须坚持的是马克思主义历史观的科学立场。在这种立场上，我们所理解的现代化并非导向人之失去家园的漂泊无根状态，我们相信现代化是走向人类解放的必由之路，在这条道路上，科学、理性与联合起来的个人的自觉承担自由之责任的决定（后者用雅氏的话说，即是"在爱的交往中的实存之实现"）是并非彼此冲突的力量。我们这种信念的依据仍然是历史唯物主义所包含的客观真理因素。诚然，存在主义者正确地指出了凝固为特定知识形态的真理往往在社会生活中异化为排斥人的自由自觉的活动的"秩序"和无形的律令，但是，真理，作为在人的历史实践中生发出来的现实的观念力量，仍然是每个个人必须追求和分有的人类总体性的精神财富，仍然是人类在"成年期"中走向未来时必须点燃的明灯。在一切严峻的时代课题面前，人的责任，不单单是个人自决的勇气，而且也包含在实践中探索真理的努力。

本书的汉译，依据的是 1933 年的英译本。其中个别段落曾请俞吾金教授和吴建广先生根据德文原版协译，在此谨致谢意。另外，我还要向我在上海译文出版社的几位始终关心和帮助着本书的翻译工作的朋友表示衷心的感谢。

王德峰

图书在版编目(CIP)数据

时代的精神状况/(德)雅斯贝斯(Jaspers,K.)著;
王德峰译.—上海:上海译文出版社,2013.4(2025.5重印)
(译文经典)
书名原文:Man in the Modern Age
ISBN 978 – 7 – 5327 – 6137 – 1

Ⅰ.①时… Ⅱ.①雅…②王… Ⅲ.①存在主义—德
国—现代 Ⅳ.①B516.53②B086

中国版本图书馆 CIP 数据核字(2013)第 056670 号

Karl Jaspers
Man in the Modern Age
Routeledge & Kegan Paul Limited,1951
根据劳特利奇和基根·保罗出版公司 1951 年版译出
Chinese translation copyright © 2013 by
Shanghai Translation Publishing House
Published by arrangement with Walter de Gruyter & Co.
through Bardon – Chinese Media Agency
ALL RIGHTS RESERVED

图字:09 – 1996 – 017 号

时代的精神状况

〔德〕卡尔·雅斯贝斯/著 王德峰/译
责任编辑/莫晓敏 装帧设计/张志全工作室

上海译文出版社有限公司出版、发行
网址:www. yiwen. com. cn
201101 上海市闵行区号景路159弄B座
山东临沂新华印刷物流集团有限责任公司印刷

开本 787×1092 1/32 印张 9.25 插页 5 字数 136,000
2013 年 4 月第 1 版 2025 年 5 月第 14 次印刷
印数:36,501 — 39,500 册

ISBN 978 – 7 – 5327 – 6137 – 1
定价:48.00 元